僑旅錦囊

僑旅錦囊

序

人無學識。。雖州里難行。。何況乘長風破萬里浪。。經營異域。。希冀謀大利。。興商業。。而達其目的者。。詎非戛戛乎。。難哉。。溯自我國海疆大闢。。歐亞交通。。輪船往還。。由來日久。。歷攷世界商務。。彼則蒸蒸日上。。此則漸漸衰落。。吾國地大物博。。進花最先。。何致商業日形退縮。。反不如人。。其故何在。。實緣吾國人對於商學多未講求故也。。然補救之法。。不無賴良好商書。。爲之導線。。藉以誘進商人智識。。惟此種商業章本。。陳列書肆者。。類皆競尚文藻。。囿於一門。。句語聱牙。。尤少興趣。。讀之使人慨慨欲睡。。盧　君少卿。。創著新書二種。。一曰外國商業新識。。次曰僑旅錦囊。。詞句淺顯。。一目了然。。商務之調查。。旅行之秘要。。詳註無遺。。閱之令人不忍釋卷。。斯誠經濟之寶鑑。。旅行之秘笈也。。爰爲之序。。

香山　容炳照序於香江旅寓

中華民國七年歲次戊午九月十五日

自序

恨餘以襁褓韶齡。。便失母兮鞠養。。迨問友尋師。。勤勞自勗。。始乃畧識知無。。己酉由滬返粵。。勉强出而問世。。自經虎口餘生後。。僅藉一枝。。即授通事缺於香江滅火局。。備嘗艱辛。。何堪舊事重提。。豈料最後數年間所謀之事業。。一敗塗地。。反不如前。。或逼以生計。。寄人籬下。。或遭命蹇顚連。。飽受人間白眼。。瞬則棲身於海關。。荏苒經年。。繼又航海外洋。。爲求名利計。。爲增進知識計。。采風問俗。。未嘗不無裨補。。且藉此亦可作汗漫游也。。會歐戰發生。。風鶴驚傳。。因而解職。。株守家園。。賦閒多月。。感懷身世。。則更無聊賴。。于是學權衡帷幄。。創辦香港美術告白公司。。遽以資本不力。。前後所設。。均遭倒閉。。然而無所欠負。。亦云幸矣。。是時也。。自顧襤褸。。綈袍乏贈。。旋賴友人介紹。。得從事工程測繪業。。夫經營數載。。奮不顧身。。心已爲之疚。。且被家庭多變。。牽累實多。。精神亦因是而消減萬分。。咯血之病所由來矣。。嗟嗟。。昂藏七尺。。愧負尤多。。人之如我。。何不幸乃爾。。消磨歲月。。終屬偸生。。而十餘年來之銳志。。今已消磨殆盡矣。。果非因尚以有老父在堂爲念。。則何必再復擾擾塵網中。。使我空門參靜。。以了餘生。。亦固所願矣。。我悲命生不辰。。我痛家庭無狀。。肺腑衷情。。惟有自知。。今而思之。。熱淚猶存。。抱憾且不已。。茲値緝私奇踪及僑旅錦囊二書完帙。。效顰獻醜。。貢於社會。。爲衆生說法。。爲海外華僑桑梓忠告。。可作旅行之南針。。可作營私當頭之棒喝。。祇知是書主旨之所在。。不求僞飾。。不苟袒偏。。餘則在所不計。。知我諒我。。識者自會。。援筆記之。。是爲自序。。

中華民國七年　歲次戊午九月十八日　恨餘謹撰於潮溪之浣香家塾

僑旅錦囊例言

是書之著。原供僑旅增進智識起見。使免臨事棘手。無以應付之故。故顏之曰。僑旅錦囊。凡關於僑旅之應知應識者。搜羅扼要種種。分門彙編。餘則恕不贅錄。

是書上半截。先述中國關稅抵借外債之歷史。稅則航例及緝私盜案次之。郵政電報章程又次之。餘若船費表海里表。巫語指南等等。人手一編。既可出入應酬。且不致懊觸法網。內容必詳必備。更便檢查。誠人人必備之本也。

凡閱是書者。須明作此書者之用意。夫中國海關之失敗。由於亡清。然蛛絲馬跡。其中亦不無原因在。咸豐十年。英法聯軍破北京之賠款。甲午一役。馬關訂約之賠款。又善後大借欵。特別借欵。重重叠叠之借賠各欵。拳禍雖或由民暴動。而政府當道謂非爲階之厲不可。此編之著。正慨其爲狼狽污吏者有所警惕。非爲緝私者亦有所炯戒也。惟間有挾嫌誣攻。濫空加禍。而致人無辜被累者。食其肉不足。尤當下拔舌地獄。

或問游歷指南。山川寶藏。旅行常識。其價值比較又如何。據有答者曰。諸書未免類皆過於複雜。雖言全帙。但釘裝過厚。出入頗碍携帶。售價太昂。購者不易。即不能普及流通。內容未及職方言與稅例等等。凡此數端添缺。故謂未足稱爲完備。夫稅則航例船規。稽查雖大不易。然爲出洋者不可不讀。故咸引其所缺者以爲憾云。

是書之著作。凡閱十月。詞句淺顯。尤適實用。就中或有訛差。翻版定爲校勘。至若彙載之詳晰。搜羅之各備。釘裝之華麗。印刷之玲瓏。尤爲四絕。

僑旅錦囊

編目

量布表率
長短量表率
權量貨物表率
權量貴重品表率
英國金銀圓幣價目表
權量笨重流質表率
平方量度表率
海關之禁條
港口普通航例
西江航例
漢口航例
美國新金山海關之稅驗
緝私發案(凡二十五段)
香港烟稅規則
香港酒稅規則
中國入口貨稅則

僑旅錦囊 編目

恨餘

Mr S. H. Loking

海關法律論

國家有律。海關豈可無章。政治的法律。人民頗多知之。但關章則否。政府未能廣告。遠近難週知。是故夫人之犯法不等。或由無知而妄爲。或由有故而偶犯。此皆由智識不足。思想不足。致爲物欲所誘。而誤蹈覆轍者。倘不原諒其存心所在。而遽加以重罪。此又奚可哉。夫立法律者。欲阻人之爲惡也。人誤蹈於惡。不能開導其誠心。使改舊惡而進於善。又安用法律爲。法律本來之要旨。於明知故犯者。不得已而懲之。於偶然過誤。未有不從而輕恕之也。有要旨之法律。則國民能謹守趨避。不至陷於縲絏。人格傷也。辱及政府。國體何存。況教化之道。須使人知何者爲善。何者爲惡。何非可爲。何非不可爲。善惡既明。自能識其程途而定所指歸。不至誤人於岐路也。此則既可絕其爲惡之心。又能使之日趨於善。則海關章律。實與人民有密切利害之攸關。不能不而詳次宣佈與世矣。

泰西稅餉法律事宜。研究底蘊。編輯成書。而與國民參考。普通鄉村書肆。尋常報社。莫不有所陳列。而任閱覽。故人民犯政治法律雖多。犯稅餉章律則少。此泰西之政治善。而國民能俱存人格者也。

人愈愚自由。則愈重法律。蓋法律者雖以警小人。而君子未嘗不懼也。孔子有曰。君子懷刑。故避法律。信然。所以蹈犯法律者。大率多屬愚而無知之小民。而守身修行之君子殊少焉。使愚而無知之小民。不教而以法律刑之。與棄民虐民又何以異。蓋國家之設法律。非欲以刑人也。海關之有章律。非欲以陷人也。蓋不得已而用之也。苟有可以省刑。何不樂而爲之乎。

存心與思想不同。思想者。不過虛幻之結想也。未必實見於事。存心者。則已著有存心。雖未見諸實行。不啻實現其事焉。譬如有人持械欲殺某人。後某人果爲人殺。而罪人覓不可得。則前之持械者。雖未得謂其殺某人之佐證。而存心兇戾若是。法律必治以存心行兇之罪矣。倘有人執械。非有意殺人。而誤至殺人。法律上不過治以誤兇之罪。此舉其法律之要旨。而與政治法律及海關章律互相比較。雖二而實一者也。

駁者曰。章律一則。不過言章與律一端耳。且限於海關範圍而言。則所論亦拘於偏隅。得毋阿以所好乎。應之曰。事有所見若甚小。而所關甚大者。譬人有存姦淫盜竊之心。或存負欠倒閉之心。雖其事未成。而其心已見端倪。必視爲實事懲辦。則存心爲惡者。烏有不懼而改於善乎。至其誤犯重法者。能原心而深宥之。且開誠佈公而勸諭之。則偶陷於惡者。烏有不愧悔感而力改前非乎。然則新箇人之道德。進社會之福利者。誠無如此要旨之法律也。今中國以共和主政。稅關能得律理參酌施行。當亦僑旅百姓所悅服。夫惡緣心造。舉心爲善。則生平行爲無不善。舉心爲惡。則生平行爲無不惡。水必導其源。樹必培其根。要其旨者。即導源培根之一法也。嗟嗟。稅關說明書。可作渡今人迷津者之寶筏耶。

造就外交人材論

挾巧辯詭詞。逞權謀術數。以爲外交之要訣。在昔則然。居今日而言外交。自不可不講信明義。以求取重於鄰邦也。國與國交際。猶人與人往來。無胆略。無定見。出一言而招輕侮。行一事而啓猜疑。安能立於不敗之地乎。然而列強環處。各謀其私。自非操縱有方。安能免受脅制。一言之疏。使與國失其歡心。棄其舊好。一事之失。使已國墮其威信。損其利益。事艱責重。孰有過於是者。是以外交部之一朝易人。萬邦屬目。此無他。祇有培養外交人材之爲急務矣。何謂外交之才。曰。諳他國方言。通外交史事。處人之國。不獨知其宗教學術。風俗人情。典章文物。乃至其國民所信所好。靡不深明而洞究之。其生平行事。又必謹慎自飭。不囿於固陋。不流於放肆。不吝於私恩。小惠不忽於瑣節。本文正直爲懷。而有深謀遠慮。信義是尚。而能敬事小心。是故任外交之官者。自受教學校而外。必更蒐各國史乘。讀各家傳記。閱交涉成案。旁及紀行問俗之書。又時接外人。默察其國情民俗。孜孜焉以磨練才思。增長閱歷爲志。否有如此。非良選也。領事官之職守。頗異於外交官。故歐洲諸國。別爲二職。不相轉用。夫人稟質各殊。優於此或絀於彼。各從所長。久安於職。用人之道。固宜爾也。其或需員較少。或多不便。二者爲職雖異。倘不若外交內政之懸殊。通融選調。亦自無礙。然究爲權宜之舉耳。甄錄升遷。既周且至。亦何患人才之不出。而致外交之失計乎。國家設軍艦。練士卒。將以自衛其權利也。迺有能縣坐局於言論之間。判利害於隱微之際。任艱責鉅。若外交官者。曾不知所以造就之。抑何傎歟。

游生關係之忠告

擴論世之胸。炯觀變之目。澄救弊之智。熱思治之腸。中華自轉民政以來。是蓋猶大夢初醒而在屈伸時者也。此則謂喚醒世界矣。洎夫甲午一役。瀛海揚波。不謂日月如新。元氣未復。而又釀庚子之變。其受禍視昔爲尤深。其新政皷盪之勢。遂亦視昔爲尤甚。世界愈狂則風潮愈大。然其人果誰屬乎。其權又將何歸乎。曰。吾以歸諸游學生。夫游學者。因富強利矢也。橫覽歐美雄風。考其富強之起點。則皆得力於游學者爲多。蓋週游諸國。觀其政。仿其制。習其業。及學成而歸。歸而秉政。遂將從前痺痿不良於行之諸宿疾。如服峻劑一掃而空。現一精明強幹之體質。而與諸強大國。幷轡逐鹿。則游學之功。豈不大耶。我國遣生出洋之舉始於曾文正公。實在日本之先。有官游學生。私游學生。游學之功。富國強基。其在是乎。其在是乎

烟害之源

中國人之受烟害。百餘年於茲矣。耗我中華之財。弱我中國同胞。其禍難以勝數。烟來自外洋。遂呼之爲洋烟。央國實專其利。各國關津定章。向來取締極嚴。不準入口。違則科以重罰。惟用之作藥品者。亦須稟官批準。乃能入口。鴉片之出產地。有南洋印度一區。實專務種植罌粟之處也。地距英國二萬餘里。央遂不憚越國遙遠。遣兵踞而有之。由印度種植者售于央政府。每箱價不過八十餘員。再售之與商。一再加價。故至中國之價倍昂其數。致中華之如雲貴川陝江浙各省地方。而亦倣種之。利倍逾於桑麻也。年來自有禁烟之會。實行不準種植。不準販賣。近則禁止吸食。亦覺日形有効。果我中國能圖勵商務之精神。縱民種植。展興工藝。強逼教育。寬民課稅。俾客貨不敵土貨之多。洋貨不及土貨之廉較美。斯時也。國家何愁不富。兵士何患不強。生民何憂絕計。萬物來源因滯便塞。金錢不致外溢。政府之當局者。一弱再弱。復遣加稅之謀。以自困其民力。申種植之禁。以廣彼之銷途。其迹大愚。而其計亦左

矣。自今日起。倘仍不加以人力亟圖杜絕永遠之計。而爾我推諉不負其責。既負國家之重託。而貽後世億萬人無窮之隱痛也。又如呂宋烟耗財之說。泰西各國歷有勸戒之會。呂宋烟即中國淡巴菰之類。吸法雖畧不同。但究是一類之害源。烟之產來自呂宋者。遂呼之爲呂宋烟。泰西語音爲（是假）。故中國人亦效呼爲（雪茄）。從事洋務商場者。莫不口啖一枝。乃爲文雅大方。雖官場亦津津嘗之。幾與鼻烟之不能稍離左右者相同。各國關津。稽查嚴密。價値以普通而論。每百枝一箱。不過數圓。而徵稅則有至三四圓不等。平常市價。每枝數角。每人每日至少啖三數枝。日計約壹元。唯每人每年計則三百餘元矣。 較之中國人之吸食鴉片煙者同。害或爲稍輕於鴉片。 論者指南方熱帶地土不宜。或暑或濕。居民恒易受病。偶以精神疲倦之餘。試啖一口。以提疲倦之鬱氣。亦無不可云云。 夫生財自有正道。豈可以害民弱國之事業。而任令種植之吸嗜之耶。此固彰明較著之理。泰西有禁酒禁煙之社會議條。獨中國則未常推類及此也。

稅務緒論

財政爲國家命脈。稅餉即財政輸入之一。繳糧納稅。國民應有之責任也。愛國救群。 人誰無此心理。年來商戰盛。土貨興。實業得以提倡。礦路植牧。亦積極進行。挽回本國利權。無甚於此。欲圖國富民强。不能不圖此一髮千鈞之偉舉也。海內外熱心實業家。創辦在前。 維持善後。勞苦自任。適恐力有所不及。其已收効果者不鮮。相繼舉辦者接踵而至。中國乎。國民乎。拭目以俟將來之中華民國。果使執政權者之能誠心相向。眞不愛錢不惜命。實業豈無

僑旅錦囊　稅務緒論　十四

發達。工藝莫不隨之。民有生計是賴。亦何愁他日之中國不强乎。從根本上解決。一言而蔽之。曰。財政困頓。國基立危。實處一最危險之地位也。歷年借債賠欵。重重叠積。國民之任幾自不勝其責。恐今日尙不以亡羊補牢之策以救前愆。終至將來究竟伊於胡底。若關稅者卽其弊端可證之一。夫海關之稅項收入。旣屬爲各債權國之抵押品。應按年償還。以終其所欠。國民窮以應付。未能如數從速完之。利權喪失。如磨刀之石。日不見其損。月有所缺焉。負責若是之重。正恨不能分身以代國家卸其仔肩。豈竟尙有一般走私漏稅者。自視爲全無責任之人耶。行不法舉動。尤恬嬉自若。坦然偸生世上。豈知有利於此而必有害於彼。知有國不能愛國。而更累國及阻國家進行。何其忍心若是耶。匹夫尙知有責。此輩正乃狗彘不食之人。禽獸不如矣。而業此生涯之輩。多屬缺敎育之人。移禍行旅。波累搭客。司空慣見矣。此般專藉走私漏稅之徒。謂非其爲厲之階弗可也。而更有抗稅尋釁。故意從曲辯論。激動波瀾。煽惑無知識之行旅。遂又悞會從而附和之。奸徒志逞。連累他人。可謂無辜寃枉矣。稅例說明書。從未有創著之。以致僑旅出洋或歸國。臨事棘手。常被扣留行李。反要甘認爲不明稅例。然不知此項關例未得宣佈與國民也。重則充公。輕亦致罰　。殊無切實審稽。怨聲載道。此其所以由來矣。僑旅錦囊之著。是卽關例指南。譬見一人立於危墻之下。過路者無不測忍爲懷。特大聲疾呼以望其脫險也。此書遂將黑幕揭破。諸君疑團亦當稍殺矣。尤愿稅關公僕。執行職務。宜秉公辦理。姑無濡濡以留難也。書本顏曰行旅必讀。因內容尙多雜載。其與新勸世文宗旨畧同。蓋所紀述之案證種種。前因後果。足以警現在。尤可以戒其未來。茶餘酒後。借作柄談。不無知識上有所裨補也歟。

外邦之有稅關。或其例規較嚴。而稅餉亦畧較重者。檢驗辦法。亦就地酌量而施設。故例規微有不同。縱檢查至嚴至厲。勢亦難絕營私之弊。海關厚養員役。每事輒善遇之。此其勉勵懈惰者故也。由是捕私者與營私者之智思。日有見增。終則互覺機警。竭其力。瘁其心。彼此智術手段變化無奇不有。若輪艇候驗於關前時。須知潮水進退之期有莫大關緊。一恐潮流順逆不合。而至阻失船期。一恐舟行程途或近早夜。而致海盜覬覦。身屬員役。尤不能不諳識就地方上之情形。庶免悞會衝突焉。

船舶雖小。然有疑點可檢查之地位。實不勝搜。果該檢查者。全無主見。狐疑莫決。徒作無謂之掃擾耳。所謂空拳無把握。費時失事。亦屬騷擾之一端。否則任令全船傾覆。終無一獲也。豈不更令行旅有所指摘耶。考緝私之者乎。宜先覷破綻。乃能助以智思追究其踪蹟。一經搜尋。無不應手而獲。但其人曾畧受教育者爲妙。有巧智之奸徒。不能無敏捷之捕役。或曰。世界本無賊。兵實爲賊之媒。豈稅關無捕役而營私之弊可絕蹟乎。此不通語也。

捕員緒論

海關之需捕員也。登報招考。或由可信之員役直接介紹。至考取華員之學識。近十年來始嚴愼取締。由該求職人親手繕英文之求職書。送呈稅務司。 若以爲可。則將該書交與船政廳。因捕員乃船政廳所轄理者也。當面予以最簡捷之考試。如筆算。問答。及覆默所呈之求職書之文句等。恐有膺舉之弊也。復由船政廳引該求職人以謁副稅務司。或一等秘書長。此即表示該人已爲船政廳許可也。其副司乃考以文字之學問。譯解及繙譯文詞等。試畢。仍由船政驗飭差引往醫生處驗診體格。至則裸衣任由醫生診驗。如果非染有聾啞重舌及臟病。或已染過花柳疔瘡疥癩毒者。便可得其驗體有效證書。以覆告理船廳。令原人簽填服務書。註明本人姓氏籍貫三代。妻子多少。兄弟若干何名。錄載明白。（按現年新例則又須自具保證金其數或至數百元不等）次日旋由稅務司曉示。略謂今有某人得驗合格。經船政廳允許。即予以外班捕私員之職。（中略） 時該新員當補授何差事。自有該班員日引教。至是乃謂之甄錄捕員手續也。初次服務之外班華員。級分頭次兩等。 次等月俸拾兩。如服務滿首屆年期。月加三兩或數兩不等。自後每兩閱年或數年又加俸一次。大抵至廿閱年後。 月俸可增至三十餘兩。其頭等之月俸。係由二十五兩起碼者。服務至二十閱年後。 月俸可望增至五十餘兩。又內班華員之如文案。書辦。繙譯。書記員。新俸倍多於外班。大抵服務至拾年後。月俸可增至五十兩或九拾餘兩不等。

洋員初次入關服務。以曾充海軍或水手者爲合格。常有服務僅數年。 月得薪俸已達二百餘兩而文字上之劣蹟。竟如稚童初學寫者無異。司空慣見。未足爲怪。其所謂考試者。 究竟如何成蹟。遽難根據。月俸由六十或數十兩起碼。除給以補習華文書金外。若該關未建有員役駐宿所。則每月須另給以屋租銀十數兩。其看待之特優點。與華員實有天淵之隔。至年衰辭職歸國。亦得酬以養老糧。謂體恤其數十年來之血汗功勞云。此項辦法。乃有條約所載。 亦非無可稽考者也。

洋員之委任內班或外班職務者。皆居重要缺。內班與外班不能混亂遷陞。內班職員。可由書記而陞至稅務司。外班職員。祇可由捕役而陞至船政廳耳。蓋因內班職守。乃係辦理稅務事宜。外班職守。專司捕私及執行關例爲責任。範圍各有不同焉。員役之制服制帽。一律由關發給。（鞋襪內衣及絨襪雨衣遮帽等自備）幷給以海關證書一紙。俾其隨身護帶。而防歹人乘機加禍。或至悞會之虞。毋論華洋內外班員役。每有調差而往別埠別關者。除給以津貼外。幷必照章加俸一次。而示鼓勵。洋員之服內班職務者。薪俸固較勝於外班。所有內外班華洋籍員役。若因犯事致革而非係自己辭職者。無論再往何關服務。亦決不公認焉。間有改名姓復入別處關者。一經查究有據。立予懲革幷科以重罰。自因意見不合而退職。雖得有稅務司給與之辭職憑證。若欲再入別關服務。其薪俸之多寡。等級如何。遵章仍與新入關者同。新俸則一律以關平紋銀兩數爲例。服務者如滿三年後。每年尾月所給之薪俸。一律按名發支雙倍之俸。以示恤賞年關習俗之支需。每三閱月。例將外班員役所捕私貨售得之價值。分別提以成數充賞。緝[illegible][illegible]鴉片一種爲最厚之花紅。軍械鎗礮次之。其犯航例及各種案件者又次之。貨物亦隨次之。鹽硝最微。稅關員役。本無拿人之權。有之而亦與犯案確有證據者乃可。若屬形蹟可疑者。決不能施行也。（如附處有軍警可通告軍警拘獲之）犯關例之人。先被留於船政辦公處。由船政官訊審。以覆稅務司。聽候批奪。輕則罰金。重則飭令就地軍警解赴官衙懲辦。中華光復而後。海關留人之案早斂跡。罰案亦略減縮。一時影響所以。莫不羨稱通融。迨南北統一。有軍隊駐守左右。以保護稅關故。助同員役搜查搭客。鹽則鹽務處及檢查煙膏所。亦派員赴埠截搜。餘如某處鹽廠之緝私丁。某處軍警之偵探。某處醫署之稽查員。凡一搭客之行灑而經數重員役檢查者。醫籍雖者矣。有擇肥而噬。串仝無賴扭贓以借端啓釁者。禁留恫嚇。科以無邊之懲罰。僑旅出入。不得不視之。爲畏途焉。

各地辦理稅務之不同

查東洋之稅關。入口稅重。出口稅輕。是欲振興土貨而銷流於外也。故國內出產品。逐年均增加。民生既裕。國勢隨之富强。此亦發達理由之一也。輪船來往。走私漏稅之事少。關員薪俸及各項支銷。較廉於中國者。檢查之職務亦因是而簡單。

法屬安南海防等處。船來品之稅重。首推絲織品。丁香。煙葉煙草類是也。米及藥材海味爲大宗之出產。鳥獸昆虫類次之。因地土肥沃。天候和暖故也。山深林密。由是柴薪賤。凡新客入口。(卽初次抵此屬之人)須留候海關處驗身。俟有埠內之親人等到署具結担認。保該新客係正當營商者。乃能準其入埠。例有所謂身稅紙者。身稅分數等。視乎其人每年所得之薪俸如何爲定準。到埠之日卽須繳納身稅。否則由原船退回。惟婦女小孩免稅。童子僅納半份。(例準來埠游歷之客。限三星期爲額。逾限仍逗遛在埠者。仍須遵例繳納身稅)。

凡繳納身稅之後。隨時收回憑證一紙。此紙須隨身携帶。視之不啻爲護身符。藏諸衣袋猶恐偶遺離身。以致犯罰。故人恒佩帶一種闊式有袋之褲帶。備以貯藏此紙。縱遇游泳於海灘。亦須將之束諸頭頂上。此紙註明祇準某某人在埠內何處停駐或來往。縱因事故欲赴別區域。則先赴該區交界處之戶口檢查局報明。何時前往。何時而返。由局長給予票據爲憑。乃可越界。犯後述各條者。立可致罰或重懲。

(壬)私搭船位入口。未向公署領準登岸人情。及未得有身紙稅者。

(癸)游埠已逾三星期外。尚未離埠出口。亦不繳納身稅紙之價者。

(甲)私自離埠。未向公署報明者。如他日復入口。仍一律作新客論。

(乙)雖得有身稅紙。擅越界來往別處區址者。

(丙)逾期不換新身稅紙者。

(丁)雖領得越界游行之准票。惟不依時刻返回原地點者。

(戊)失漏身稅紙。而不立即報告公署。俾以補給者。

(己)身稅紙之私借與人冒用。及查詢其年歲姓名履歷不符者。

(庚)毋論於睡宿時間。或沐浴時間。此身稅紙均不能離身。

(辛)有塗改或假冒身稅紙中之扼要字蹟者。

不准携帶火柴(即燐寸)登岸。雖一盒火柴。亦要表明係屬隨身帶用品。并非私貨者。火柴必與煙草俱。或該盒傍之火種處。現出確被人用過之痕狀。盒內柴枝之數不得滿裝。普通火柴。係屬售賣品者。盒口必有國家印花票封貼。用後而票或爛。然毀票仍須任之存貼於盒口處也。每盒火柴所貼之印花稅票。值法錢拾文。煙草品。呂宋烟。紙捲烟。其稅皆在重抽之列。例亦不准搭客携之登岸。僅有之亦祇限三數枝而已。其烟草之包盒。封口處須撕拆焉。

荷蘭屬之爪哇群島。多產蔗糖。椰子。咖啡豆。胡椒子。又菓子瓜菜次之。餘如蓮藕。馬蹄。芋荳。粉葛。及冬瓜等。必向中國內地購辦。多由香港運往。蓋爪哇地所產植物。不得其素味之如中國所產者。入口貨以米為大宗。洋貨疋頭及絲織品次之。因船務疎少。故稅關辦非雍容。唯隱銀圓及鴉片烟之私運入口。則尋常見之案矣。　緣土人喜以銀圓鍍金而作鏢墜中飾品者。或謂荷屬銀圓之質成數最低。故向外地私購此項應回溶傾。重新鑄作荷銀等說。推理而論。亦無不是者。

中國之天津。漢口。蕪湖。上海等處稅關。就地辦法雖各有微異。然查船及驗貨手續。尚非勞苦。但北地常多拐販。至是不無稍增一重職守。廣州粵海關。以其地近省會。貨客來往。情形較盛。商船如織。員役雖衆亦常致不敷差遣。三水及梧州稅關。地僻人稀。其大宗出口貨除烟草絲繭而外。餘皆零星土貨耳。但船務略盛。入口品以疋頭洋貨為最。私鹽入口之案。日凡數起。獲必以百拾担計。橫門關扼守零汀洋海面。香港江門梧州必經之孔道也。甘竹分關在甘竹灘。管理九江甘竹出入口之事務。而船舶來往古勞鶴山江門廣州等處。權亦屬該分關檢查。至甘竹常關職務極閒。除龍江之有絲繭烟草出口也。餘則無事可辦。拱北關在澳門海口之馬騮洲。完全司守來往船舶之檢查責任耳。由澳門來往石岐陳村斗門等處。必經是關而過。私貨亦以鴉片烟及洋鹽為最。水東及廣州灣瓊州陽江崖門等處。山嶺林密。多出類瓜菓蜜蠟皮料漆品竹木器。海盜恒多擄刼船戶。以其海面遼濶。軍艦保護力所不及也。

江門關在新會江門埠之北街口。左為白石周郡三娘廟。而達猪頭山。直通橫門及零汀洋。香港入口必經之航線也。支流即往陳村甘竹九江貫連及廣州等處。右為竹洲頭外海香山界而達澳門。可通崖門斗門。後枕蛇山及江門。由內河而入。往新會城公益埠四邑。及楊江瓊崖廣州灣等處。前對潮蓮鄉。鄉為海島。四邊皆海。而形似蓮花。故以名之。鄉內有山獨立而頗高。以其形似烟管。俗亦呼之為烟管山。北街口不過為濱岸一隅之地耳。初僅有漁戶築居。及建築稅關後。始有借築鋪屋數十於其處者　又甯陽火車路告成。旅客來往四邑江門等處。

稱交通利便。埠內商業頗旺。因其附連村鄉各屬極廣也。 出產則有葵扇竹器土布菓子瓜菜獸皮穀米。惟水客(卽巡城馬者)極多。數逾千名。 專係搭輪來往江門香港。水客分兩種。一爲貨商代表者。其責任祇隨船押運貨物。一爲招引搭客爲名。而代人携帶家信雜物者。昔各輪船定例。向免收水客之輪費。至今日久。數積而逾衆。 來往江港之輪有四艘。江澳者僅一艘。惟江澳輪拖偷渡則有數艘。來往江門廣州之輪拖偷渡凡廿餘艘。道經之輪船艇。日凡數拾。又江港輪船轉駁出入口貨之艇。數逾三十號。駁儎搭客者。亦有五十餘號。 小艇三十餘艘。關員檢查船隻。日以爲常。職務頗苦。自新江鐵道告成。築木碼頭於岸濱。碼頭頗大。可容千人。形式如木屋。前可橫泊兩輪船之位。後卽火車之站矣。築時係商請稅務司每日派員至碼頭檢查搭客。碼頭距關數百丈。今亦已築有新堤岸矣。凡客貨之搭火車者。則在碼頭檢查驗稅。若搭小艇及須由船轉儎入內河各處者。仍一律在關前碼頭。照舊檢查辦法。

搭客之由香港入口者。四邑人佔其多數。而恩平開平新寧諸邑。向自設輪拖偷渡數艘。轉駁港客回各屬鄉。因衆利火車之捷。由是此輪渡之生涯竟一落千丈矣。碼頭內外四處。恒多無賴棍騙。藉口代客將行李報稅爲名。而行其勒騙竊盜手段是實。水客之與客艇串仝運私。貨船則瞞稅漏關。關員因兼任職務太繁。公務忙碌。稱爲中國各關之冠。 而稅抽毫末微厘。亦首推江門壹關也。內班華洋員役不過二十餘名。外班華洋員役僅一拾餘名。巡輪壹艘。華人水手合計約二拾餘名。

關稅與外債

(甲)緒論

據民國三年度豫算。經常歲入合計三萬一千八百拾六萬五千五百五十三圓。其中關稅收入。六千六百九十七萬零三元。占全國歲入五分之一有奇。其地位之重要。亦可概見。誠能改良而利用之。則中國財政之前途。寧非最有希望者。不謂我國關稅。已陷於不能改良。且不能利用之難境。徒令預算表中。多列關稅收入之一項。而稅關之作用。則已全失。此誠堪痛心者也。何言乎不能改良也。今世海關制度。不外兩種。曰國定稅率主義。曰協定稅率主義。國定稅率云者。由課稅國以國權自定其稅率也。協定稅率者。由國際間以條約規定其稅率也。其在國定稅率之國。度支不足。得斟酌內外之情形。任以增加關稅。以完成其財政上之計畫。於進口出口之間。又得分別輕重。獎勵輸出。限制輸入。以謀國民經濟之發展。實行保護貿易之政策。協定稅關之國則不然。稅率高下。不能自由伸縮。一切經濟政策。財政計畫。在在受條約之限制。我國海關。 蓋採用協定稅率主義者也。值百抽五。子口半稅之定規。所訂商約。無不載明。增課絲毫。非得條約國之同意不可。然欲得其同意。無異與虎謀皮。此不能改良之說也。 何言乎不能利用也。我有財產。得以自由處分之。我之所有權。始得謂之完全。海關收入。固國庫中財產之一部份也。然我國政府。 不能自由處分。用途有一定。以條約爲範圍。不特無處分權已也。即稅欵之管理權。亦已無之。 事實上直以外國銀行爲國庫。所謂中華民國之關稅。亦空有其名而已。此不能利用之之說也。稅關之不能改良。以海通以來之商約爲厲階。其失敗之歷史。及將來救濟之方法。非一言所能盡。他日當爲文詳加商榷。在於稅欵之不能利用。遠因雖在前清。近因則在民國。不可不有以專紀之。想亦國人所願聞乎

（乙）關稅抵借外債之歷史

海關稅欵。何以不能利用。以外國已取得監督權之故。外國何以取得監督權。以前清歷次借欵賠欵。指定關稅爲抵押品之故。探本溯源。關稅抵借外債之歷史。自應先爲叙明。玆分三段。詳述之如次。

（第一）咸豐十年。英法聯合軍破北京。因取締北京條約賠欵之抵押。英法兩國。各賠欵八百萬両以媾和。英約訂明。除由天津先交五十萬両。及廣州粵海關交銀三十三萬三千三百三十三両外。餘欵每三箇月。由通商各關之總收入內。扣存二成。分結繳交。法約條文與英同。所謂分結繳交者。謂三閱月爲一結。以是年八月十七日。至十一月二十日。即自西歷一千八百六十年十月初一日至十二月三拾一日爲第一結。此後每越三閱月。即遞結一次也。兩國賠欵。共一千六百萬両。自同治五年。已一律清償。債權既銷滅。則抵押權當然隨之而銷滅。本無追論之必要。但以關稅抵借外債。實以玆役爲稿矢。此則永世不忘之紀念耳。

（第二）甲午一役。我國一敗塗地。李文公以全權大使。越日媾和。締結馬關條約。日本初索賠欵三萬萬両。後商減爲二萬萬両。限七年內分八次償還。

（一）海關收入。除歸還從前擔保所借債項各本息外所餘之欵。及進口貨稅切實值百抽五所得之欵。所謂除歸還前保各債本息外之餘欵者。蓋前述之滙豐麥加利瑞記俄法英德各借欵。皆未清償。俱以海關作抵。儻舊債優先。乃能再保新債也。所謂進口貨稅增至切實值百抽

五所得之欵者。蓋從前多免稅之貨物。如稅烟酒等項。各國稅之最重者。而我亦免之。今則改正稅目之估價。并除米金銀雜色糧麵。及金銀各幣外。一律課稅也。

(二)在通商口岸五拾里內之常關。均歸新關管理。所有各該常關之進欵。常關者舊關也。新關即是海關。今恐新關所入。不敷保證。故益以通商口岸五拾里內之常關。統歸新關稅務司管理之。

(叁)鹽政收入。除歸還前借債項本息外所餘之欵。 所謂歸還前借債項本息者。蓋光緒廿四年。續借英德洋欵。曾以鹽政作保。惟鹽政所入。擔保此項。尚有贏餘。今則一併提出以作此新債之擔保也。訂約之初。關以市價易金之字義。未下正確之解釋。(如謂每屆償期。以銀易金。無論銀價愈下。則易金愈少)即銀價如常。我非用金之國。一旦需金錢數百萬。求過以供。金價亦徵有不暴漲者。因此之故。彼此爭論。垂叁年餘。卒不得直。照數補償壹千零四拾萬兩。叁年平均。每年多加叁百四十萬兩有奇。夫以叁年所還之債。其額不過伍千六百餘萬兩耳。而磅價所虧。已若此其鉅。就令銀價不復落。積算至三十九年。本息共九萬八千餘萬兩。是補償磅價。又應增加弍萬萬兩有奇。重損失以損失。當局者之糊塗昏憒。眞有非言語所能形容者矣。要而言之自咸同以來。 中國受鉅創於外患者三次。每受創壹次。必賠欵壹次。每賠欵壹次。必以海關作抵壹次。故關稅抵債之次數愈頻。(中國國運之危險亦愈甚。讀海關抵借外債之歷史。直謂為中國衰亡史焉可也。

(我國關稅歲收。有加無減。最近兩叁年。 且達四千叁百九拾六萬九千八百五拾二兩之多。而我國每年償還洋賠各欵。為四千弍百餘萬兩。舉此壹項。已足償還而有餘。 以上統計。

雖非純收入。尚須除去每年稅務及駐外公使等項經費。約四五百萬兩。然所差亦無幾。即令有差。亦可以鹽政所保証者補充之。則抵押品自不患不鞏固安全。此債權國不能干涉者一。且自締約以來。每年本息清付。我國未陷於破產之地位。此債權國不能干涉者二。故關稅雖抵押。苟我國尚有償還外債之方法及能力。則稅欵之管理。用途之指撥。其權當然自我操之。所以歷年辦法。大率由各關官銀號經收稅欵。按期滙集上海。以備償債之用。債權債務兩者之間。固向無異議也。不謂民國以來。即此權亦已喪失。茲不憚詞費。再爲詳述之。

(第三)武漢起義之初。全國鼎沸。是時英國公使。以領袖外交團之資格。請於前清度支部。將全國關稅。暫歸總稅務司管轄。以待撥付洋賠各欵。蓋權一入稅務司之手。則北軍南軍雙方不能取用。儼然據坐中立之地位。清廷鑒以南方各省已紛紛獨立。自審亦無力保全。不能固拒。是歲十二月間。英使遂以左列訓命八條。開具節略。并稱各國駐京公使。一律同意。而自由頒發於各國駐滬銀行總董。使之執行矣。

(第一條)由關於庚子前。以關稅作抵尚未清付之有債權各銀行總董。及關於和約賠欵之各國銀行總董。組成一委員會。由該委員會決定各洋債內。何欵應行儘先付還。並編列一先後次序單。以便滬關稅司。遵照辦理。

(第二條)在上海存管海關稅項。由關係尤重之各銀行。即滙豐德華道勝三家充之。

(第三條)應請總稅務司將承認充歸海關所有之淨稅項。開列清單。交所派之委員會。屆中國政府復能償還洋債賠欵之時爲止。

(第四條)應請稅務司。籌備辦法。飭令各收稅處所。將淨存稅項。每星期滙交上海一次。

(第五條)應請稅務司。將所有積存之淨稅項。竭力籌辦。於每星期均分收存滙豐德華道勝之銀行。以爲歸還該項洋債及賠款之用。上海稅務司應由此項存款內。按照第一條委員會決定之先後次序。準其屆期提撥付還。

(第六條)倘至西歷一千九百一十二年年底。情形尙未平復。屆時必須淸算。下餘若干。可否作爲付還賠款之用。開列淸單。交外交團酌核如何分撥。

(第七條)該委員會每三個月將所收關稅。如何撥付情形。由駐滬各國領事。 報告駐京各國公使。

(第八條)此項辦法。如有應行更改之時。得以斟酌損益。由各國公使囑本領銜大臣。按照以上辦法。請爲轉知總稅務司。飭行駐滬稅務司遵照辦理。

由上列訓令觀之。海關稅項。名義上歸總稅務司管轄。由總稅務司飭令各關收稅處所。將淨存稅項。每星期滙交上海。由上海之滙豐銀行及德華銀行道勝銀行三行保管。 以備償還洋賠各款之用。償還之先後次序。則由有債權國各銀行總董所組成之委員會決定之。 是用途之指撥。及稅款之管理權。完全歸諸外人之手矣。此猶得自中國之革命禍變。正當劇烈之時。政府償還外債。事實上已一時中止。各國爲保其權利起見。自不能不權採此種辦法。 以待情形之平復。故該訓令第三條。曾有(屆中國政府復能償還洋債賠款之時爲止)一語。 外人自始初無久假不歸之心。語意甚明也。未幾南北統一。和平恢復之速。 迥出各國意料之外。迨民國二年四月廿二日。善後大借款。又告成立。該合同(甲) 號附件。卽首將積欠各債款。一律淸償。昔外人鰓鰓過慮我無償債之方法及能力者。今已根本不存在矣。政府當局。苟尙能自顧其職務。應宜及是時。提出交涉。趕將指撥及管理權收回。以保主權而復原狀。乃遲之又久。絕未聞有何種運動。不特無所運動。是歲十一月。稅務處竟允總務司之請。許各關稅務司。與中國銀行訂立合同。代收關款。總稅務司管轄稅款之權益於該項合同確保之。而神其運用。天下可怪之事。寧有過是耶。玆將中國銀行代收關款之合同。照錄如左。

(其一)中國銀行允照稅務司之指定辦法。辦理收稅。稅款收存在銀行時。銀行擔負完全責任。

(其二)中國銀行所收各稅款。須照各稅務司辦法。立具稅務司名下之賬簿。稅務司得總稅務司之許可。有隨時由各項賬內提出款項之權

(其三)中國銀行所有稅款。應何時滙解。及如何滙解。。均聽稅務司指定辦法。如須由該銀行直接解滬交總稅務司洋常等稅賬目項下者。其滙水應由稅務司會同銀行。雙方訂定

(其四)中國銀行辦理收稅事宜。須於海關附近之地點。備有辦公處所。如無適宜之地。可商由稅務司在關署內設一收稅所。以期利便。

(其五)中國銀行所用辦理之收稅人員。其人數之多少。及才識資格。必須足資接待客商。辦事敏捷。並能副稅務司之意者。俾免貽悞躭延等弊

(其六)中國銀行應按照稅務司所定名目。將經收稅款。逐日分別注明。並按照稅務司之指令。開具清冊。送由稅務司核對。

(其七)海關所收各項稅款。本按關平紋銀計數。中國銀行。應即照該地方通行之銀幣。折算徵收。其折算之數目。須由稅務司規定劃一辦法。一經商定後。如無稅務司簽允更改之據。

銀行不得任意增減。其地方通行之銀幣。折算關平紋銀之定數。須在該銀行及海關門首宣示。俾衆週知。

(其八)中國銀行代收稅項。應由海關給予酬勞費。或每月核給定數銀兩若干。或照所收稅數。每百兩酬給若干。於每月底全數付之。若按收數計給酬勞者。除船鈔外。所有稅項。均應計數提付。

(其九)稅務司與中國銀行兩方。無論何方。欲撤銷此項合同。應於一箇月前通知。但若因維持稅項起見。應另定徵收稅項特別辦法時。稅務司仍有立予撤銷該項合同之權。

如照此辦理。銀行自截止代收稅欵之月起。展至次月底止。照第八條所載辦法。尚可取得其酬勞之費。上列合同。應注意者有數事。卽係(其一)稅務司本管掌稅務範圍內之行政事項。至於稅欵之。收存及保管。向由各處官銀號任之。自革命以來。稅務司始取得管轄稅欵權。而稅欵之徵收。斷非稅務司所能兼顧。不得不委托他機關代辦。但此種委托。非由稅務處指命。乃由稅務司與被委托者之間。訂立契約行之。不過中國銀行。亦有被委託之資格耳。(其二)全國各地之中國銀行。亦非當然皆有代收關稅權。其有代收權者。必以該地之稅務司。與該地之中國銀行。曾訂有前項之合同者爲限。故中國銀行之代收關稅。實一種營業行爲。以得月計之酬勞費。并非行使其辦理國庫之職務。(其三)該項合同。可以隨時訂定。尚依(其九)欵之辦法。亦可隨時撤銷。(其四)中國銀行逐日零星收存之稅欵。稅務司有隨時提取之權。故就現時之上海中國銀行而論。實爲稅務司之一收兌人。今日收入若干。明日稅務司卽令其出具支票。劃歸外國銀行存管矣。自此項合同經我國政府承認後。稅務司之管轄稅欵。其運用之方法益以完密。而其新取得之權限。亦有以保証之。此猶得自與債權國之交涉未妥。一時未能收回其權。當未收回以前。不得不採此辦法。以自重稅欵也。乃遲之又久。并未聞交涉之進行。至民國三年正月。突有修正前述訓令(第三)條之事。再經此次修正。前此各債權國暫時所取得之權利。我國已正式承認之。於是稅欵管理及用途指撥之權。遂無收回之望矣。訓命修正之條文如左。即訓令(第三條)(在上海存管海關稅項。由關係尤重之各銀行。即滙豐德華道勝三家充之。由民國三年正月始。凡庚子前以關稅保借各債之每月本息。於每杪先全行付清後。所餘之欵。應攤撥關於和約賠欵之各國銀行賬內。其所撥之數。并須足敷各該銀行每月應收賠欵之數)。此其修正之原文也。夫外交團之訓命。初無久假不歸之意。已一再聲明。今乃於和平回復。舊欠欵清償之後。轉正式確認其權利。由暫時而改爲長期。何不可思議。一至於是耶。揣求其故。不外兩端。

(甲)我國財政。以東塗西抹爲政策。而浪費無度。政府之信用已失。故善後大借欵。必取得我鹽政上之監督權。以資保證。關稅監督權。初雖爲一時的取得。今鑒於前途之危險。實亦不便還付。

(乙)我政府當局。因欲自固其地位。深有賴於外人精神上。及財政上之助力。故善後大借欵。亟亟成立於國會初開風潮劇烈之時。外人深窺其隱。故於種種特別條件外。亦必以關稅監督權之不撤回爲要求。我政府爲救濟目前之困難。實已暗中許之。吾非故爲深文之論也。不然。則各國雖強。亦何至聲明爲漸時之局者。其必欲久據之。我欠欵已清。無可籍口。究有何法以強我承認。事關主權。我政府又何至輕輕放過。不爲嚴重之交涉。此中若無一段秘密歷史。吾人亦能信之乎。自今而後。所謂中華民國之關稅者。亦虛有其名而已。 亦虛有其名而已。

會議商稅

中國某兩大臣。暨英國公使在鄂與鄂督所議商稅事宜。加稅免釐一款。現議定稅則。加至值百抽十二五。而裁去百貨釐金。止留鹽釐土釐兩大宗。均自一千九百零五年正月爲始。開內地作通商口岸一款。即議定添開安慶長沙萬縣惠州四處。此外英公使又力索三款。謂中國如允許。則從前所定之商約可以作廢。其三款即（一）依英廷之意。改定礦務章程。（二）推廣光緒二十四年。總理衙門所特許之內港行輪辦法。（三）援引道光廿二年江甯條約所載。准外人得雜居各城鎮。鄂督相持既久。亦開出兩款。向該公使指索。（一）爲收回治外法權。（二）爲清查教務。英公使皆不允。磋磨許久。乃議兩款如下。（一）英國允俟中國改定法律。及裁判章程後。將僑居中國之英國人。由中國管轄。（二）允各省特派專員會同主教。清查教務。妥籌辦法。前議兩款若妥。乃允英國以下開之三款。（一）儘一年內。中國採取英國及印度與其他各國現行之通共開礦章程。自行修改向來未臻盡善之章程。（二）允內港行駛小輪。而廢去永租地皮之例。概以二十五年爲限。（三） 道光二十弍年江甯條約內所載。許外人得雜居城鎮。茲不復提及。而可以推廣外人居住之界址。以上諸款。 均已商議妥洽。俟奉到各本國諭旨後。即可定局。

中外協定之通商口岸

(甲)西歷一千九百零七年。五月卅號。中國政府允將大連稅關。割與日本統治。

(乙)西歷一千九百零五年。十二月二號。中國政府允將膠州稅關。割與德國統治。

西歷一千九百零五年。中日協商設關於黑龍江阿近港口。一千九百零玖年七月。開辦征稅。

西歷一千八百四十弍年。中英協商設關於福建廈門港。一千八百六十弍年四月。開辦征稅。

西歷一千九百零三年。中美協商設關於盛京之安東港口。壹千九百零七年三月。開辦征稅。

西歷一千捌百四十二年。中英協商設關於廣東之廣州。一千捌百伍拾捌年拾月。開辦征稅。

西歷一千玖百零叁年。中日協商設關於湖南之長沙港口。一千九百零四年七月。開辦征稅。

西歷一千捌百五十八年。中英協商設關於山東之芝罘。一千捌百陸拾弍年三月。開辦征稅。

西歷一千捌百五拾捌年。中英協商設關於江蘇之鎮江。一千捌百六拾一年四月。開辦征稅。

西歷一捌九八年。中政府下令設關於直隸之秦皇島。一千九百零一年拾二月。開辦征稅。

西歷一千捌百玖拾年。中英協商設關於四川之中京。一千八百九拾八年三月。開辦征稅。

(甲)設關於盛江之大連港口。一千九百零七年七月。開辦征稅。

西歷壹八四二年。中英協商設關於福建之福州港口。一千八百六十一年七月。開辦征稅。

西歷壹八九五年。中日協商設關於浙江之恒行港口。一千八百九十六年拾月。開辦征稅。

西歷一千八百五十八年。中英協商設關於湖北之漢口。一千捌百六十弍年正月。開辦征稅。

西歷一千九百零伍年。中日協商設關於鷄籠之哈濱港口。壹仟玖佰零玖年七月。開辦征稅。

西歷一千九百零五年。中日協商設關於鷄籠之根春港口。壹仟玖佰壹拾年正月。開辦征稅。

西歷一八七六年。中英協商設關於湖北之宜昌港口。一千八百三十七年四月。開辦征稅。

(乙)

設關於山東之膠州港口。一千八百九十九年七月。開辦征稅。

西歷一千八百伍十八年。中英協商設關於江西之九江。一千捌百六拾弍年正月。開辦征稅。

西歷一千八百伍十八年。中英協商設關於海南之海口。一千捌百七拾六年四月。開辦征稅。

西歷壹九零二年。中英協商設關於廣東之江門港口。壹九零肆年三月。開辦征稅。

西歷壹捌八六年。中英協商設關於廣東之九龍港口。壹捌玖柒年四月。開辦征稅。

中政府準設關於廣東之馬騮州港口。壹捌七一年六月。開辦征稅。

西歷壹玖零五年。中日協商設關於鷄籠之龍正村港口。壹玖一十年正月。開辦征稅。

西歷壹八八六年。中法協商設關於廣西之隆州港口。壹捌捌九年陸月。開辦征稅。

西歷一玖一四年。中政府協商設關於山東之隆球港口。一玖一伍年十一月。開辦征稅。

西歷一玖零伍年。中日協商設關於黑龍江之滿洲港口。一九零柒年弍月。開辦征稅。

西歷壹捌捌陸年。中法協商設關於雲南之年自港口。一八八玖年八月。開辦征稅。

西歷壹八伍八年。中法協商設關於江蘇之南京港口。一捌九九年五月。開辦征稅。

西歷壹八弍七年。中英協商設關於廣西之南寧港口。一九零七年正月。開辦征稅。

西歷壹八六捌年。中英協商設關於盛京之牛莊港口。壹捌六四年伍月。開辦征稅。

西歷壹捌四弍年。中英協商設關於浙江之寧波港口。壹捌六壹年伍月。開辦征稅。

西歷一捌七六年。中英協商設關於廣東之北海港口。一八八六年四月。開辦征稅。
西歷一八九七年。中英協商設關於廣東之三水港口。一八九七年六月。開辦征稅。
西歷一九零五年。中日協商設關於鷄籠之新城港口。一九零玖年七月。開辦征稅。
西歷一八玖捌年。中政府下令設關於福建之新湖頭港口。一八玖玖年五月。開辦征稅。
西歷一捌九五年。中日協商設關於湖北之沙市港口。一捌九六年拾月。開辦征稅。
西歷一八四二年。中英協商設關於江蘇之上海港口。壹捌五四年六月。開辦征稅。
西歷一捌玖伍年。中日協商設關於江蘇之蘇州港口。一捌九六年玖月。開辦征稅。
西歷一捌九五年。中英協商設關於鷄籠之瑞汾河口。一玖零捌年弍月。開辦征稅。
西歷一捌伍拾年。中英協商設關於廣東之汕頭港口。一捌伍捌年正月。開辦征稅。
西歷一捌九伍年。中法協商設關於雲南之四納港口。一捌九七年正月。開辦征稅。
西歷一玖零三年。中日協商設關於盛京之打銅口。一九零七年三月。開辦征稅。
西歷一八九七年。中英協商設關於雲南之騰越港口。一九零二年伍月。開辦征稅。
西歷壹八六十年。中英協商設關於直隸之天津港口。一八六一年伍月。開辦征稅。
西歷壹八五八年。中英協商設關於浙江之溫州港口。一八七七年四月。開辦征稅。
西歷一八九七年。中英協商設關於廣西之梧州港口。一捌九七年六月。開辦征稅。
西歷一八七六年。中英協商設關於安徽之蕪湖港口。壹八七七年七月。開辦征稅。
西歷一捌九八年。中政府下令準設關於湖南之岳州港口。一捌玖玖年十一月。開辦征稅。

領海交涉之軍兵與巡艦

中國軍兵欲登洋輪搜查或緝犯者。必得稅關之准照。或官衙及領事有効之正式公文。由駐輪之關員。與該輪輪主協商。會同妥辦。

軍兵挾有軍械。而非穿正式軍服者。不得登洋輪。毋論作何等舉動。縱因事故亦必得稅關或領事正式公文之照會。先向駐輪關員與該輪主協同作証會辦。

該船所升之旗係屬何國。所有交涉辦法。得與該國旗屬之領土無異。唯越界行駛。及有不法舉動。得有正當公理。可開特別談判。

洋輪於行駛及泊錠之時間。巡艦祇可護送或保衛之。不得阻止停輪。或藉搜查滋擾等事。除有特別緣故。而得領事或稅關正式之照會者。不在此例。否則駐輪關員。或該輪主可有權干涉。

搭客係屬軍官而挾有軍械者。確有正式護照。可通報駐輪關員或輪主。遵例以相當法辦理。惟該械品驗明後。仍交船主或辦房鎖櫃代存。至抵埠時。將原物交回物主。或照別口岸之變通則例辦法行之。以保公安。而免涉嫌疑。

毋論何國大小輪船艇艘等。遇發生刦奪火燭。淵淺觸礁。相撞碰沉。及霧障危險。壞機情事。該所管或道經之軍艦應負保護之責。盡力助救脫險。尤首以救人命為先。

軍艦之與洋輪。時有意外相撞情事。互即助同救險為先。誰是誰非。隨認定遇事之地點。停機過船。據正當之理由。依海圖之航線。及各種確鑿証質駁之。此時在坐之談判。大抵雙方均有關涉之員弁在。既自認理屈辭窮。簽字直認其錯。則有關涉之員弁。亦作證人。否則雙方不認有過。而反欲希圖狡賴者。談判之際。恐因語言互不相通。致憑通事代譯。殊形不便。最易惹起暴動。自可據情上控。由行政署之與海關或領事交涉。秉理決斷焉。

單兵有不法行爲。及於稅關管轄範圍內犯禁私或挾帶之罪者。 關員有權干涉。或先搜出証據同原物扣留。以憑傳審判斷。

華員因公纏訟。而歸民事範圍審訊者。不得作私事纏訟論。故不得擅任拿人。祇准法庭移文照會。由稅司轉飭該員仍穿關服赴審。來往之費。由關庫務處。作正式之開銷。赴庭對審。權在法官。惟對與該員之職務及責成與否。仍由稅司自決。以淸權限。

洋員因公或箇人私事。而被控告。屬民事範圍審訊者。雖未便以拿解赴庭對審。而法官亦未嘗移文傳訊。祇據兩造之供詞。及最後之証質。而判斷之。仍將全案之口供証據。審訊情形。函覆稅司。以憑對與該員之分別是非。據理判結。

員役穿民服。出範圍外之地方游行。未得稅司或船政廳之允准者。恐有犯外界不虞之事。則稅關若難得干涉之權。或正當之理由。以向地方官起訴。一律作箇人私事論。自負其咎。

領海交涉之澳門

澳門爲中國領土。屬廣東廣州府香山縣。一名濠鏡。因望廈村西南山。蠻線亘。下有南北二灣。規圓如鏡。是名之所由來也。十字門者。分內外。澳南有四山。曰馬騮。曰上甞。曰濠田。曰芒洲。四山廻環曲抱。地不相聯。海水縱橫貫其中。俯瞰如十字形。故有是名也。而南臺北臺兩山形勢。復相對如門。故亦名曰澳門。西北之有前山寨。扼吭拊背。計程距十有五里。最爲澳門進退要害之區。考歷史紀載。泰西之與中國通商者。實始於葡萄牙。葡人乘小船至中國。卽寄舵於該港之口。近島之西南。地有古廟宇。名曰馬閣。是則馬交之名。實由訛譯馬閣所由來。或誤會此廟名爲地名者。或因無別佳名。則特以初到所見者以名其地。於一千五百五十七年。中國政府准葡人建工廠於島之東。該地卽今之南環也。自時厥後。葡人之居留日深。其幅幀亦因之而日拓。澳門面積四方里。屬廣東海面門戶。金星門以外。迤東則爲香港海線。九洲洋一帶。劃歸葡管。九洲距廣州城僅二百四十里。·而虎門鎖鑰亦關險阻之區矣。廈門。氹白嶼。森德哥嶼。亦有稅關設在。且爲葡人常出入之地。一千八百二拾年。鴉片禁令出。澳門鴉片。皆不得市。止伶仃島秘密販賣而已。時値澳門附近諸島。海賊橫行。沿海騷擾。後攻破廣州城。明軍不能討。乃求援於葡國兵船。遂由平賊有功。中國不能下逐客令。準其歲納地租伍百兩。以爲葡人建屋其地。此爲隆慶間事也。道光十九年。粵督林則徐。因禁鴉片。上奏巡閱抽查澳門華夷戶口。蓋夷樓屯貯烟土。久成奬藪。不得不清查其源也。後葡使不認澳爲租地。淸季在香港會議界務。葡使恃無確証。硬指當時輸納地租爲船鈔。而政府之當事者又不認眞搜檢舊案。遂任其逋欠。道光廿九年。葡兵官在關閘外。被人殺死。最後緝獲兇犯沈志亮。供稱葡兵官在三巴門外開闢馬道。強行平毀附近墳塋。并毀及犯祖墳墓等。心懷忿恨。有意與民除害。旋卽審實梟首正法。葡人再藉此。而全不將澳門地稅繳納。奸商由澳秘密輸鴉片入內地。淸吏以難於偵緝患之。光緒十三年。總理各國事務衙門。奏派總稅務司。赴香港與英商官辦協緝洋藥。時總稅務司以尙須澳門會辦爲言。默議令葡人幫同緝私。尤於馬騮洲分設一關。與葡立約。奉命拱北關稅務司奔走其事。洋藥稅厘併征。由是始創。中葡立約。載有中國堅允葡國永駐管理澳門。以及屬澳之地等語。通商和好條約既已訂立。則澳門讓歸葡屬之歷史。種種緣因所由來也。至今爲梗。誰生厲階。猶須質諸閱者思之。

中國於沙梨頭地方。向來建有海關。徵收稅餉。又於顯榮里建有臬署。以理本國訟事。卽西人之刑名重案。亦歸管理。道光廿八年。澳門總督。毁該海關。逐中國官吏。次年又毁拆臬署。增築敦拿仔厘炮台。沿舊關址處。設建新關。名曰砵道沙高。

宣統元年。賊黨往新寧地方。擄去學生多名。查悉藏匿於過路環。惟時過路環乃中葡二國爭執未定之地。雖由學生之父兄投稟地方官。然華官亦不敢入境捕賊。賊則勒索重金。方將學童釋放。交涉月餘。未有辦法。厥後中國武員稱願派兵助勦賊黨。澳督却之。旋卽葡兵與賊交攻。救出學生數名。並捕賊者百數計。然當時英法德國皆有船往觀。中國大吏亦派兵艦包圍暗助。以壯葡兵之胆焉。

香山南屏鄉鄭族紳耆。稟控葡人將九澳等處田地丈量。勒令各佃以後所納稅餉。一概須納與葡政府。後將實在情形。送交香山勘界維持會。投請設法維持。一千八百七十九年。(光緒五年)葡人修築道路。直達附近各村。又光緒十年。徵收鄉人之稅。鄉人抗不納。兩國政府遂起交涉。葡人卒罷議。再至光緒廿四年。復行强逼鄉人繳納稅。雖經中政府詰駁。亦置不理。

前山屬之高沙地方。因設立稽查牌照分廠。廣州口西洋國宋署總領事。照會粤督。謂據澳督來文。稱干涉該地方不能設廠云。粤督卽覆以高沙地方。本爲前山屬地。設立稽查牌照分廠。自是爲禁烟要政起見。與界務毫無干涉。大抵因條約所載。援引亦屬失當耳。

光緒卅四年。二辰丸一案。葡政府不甚以為然。彼此交涉亦以嚴詞駁詰。據稱該船所泊之海區。明係葡領。清國官權所不及。廣東水師藐視條約。擅入葡領海捕獲商船。毀損國體。攸關非淺。況該輪領有執照。並非密輸。今中國濫用兵威。窒碍貿易。明違國際公例等語。夫中國內地及西江一帶。連年盜賊如毛。居民不安。商務亦碍。各國趾中國之緝捕不力。良以過路環為賊所負隅之穴。中政府不敢過問。盜賊之軍伙。果自何來。中英兩國。均禁售軍伙。葡政府常赴香港請領軍伙出口准照。年中運入澳之鎗枝。輒以三四萬計。九龍貨倉有簿部可查。十餘年來。其數計有數十萬。澳門戶册中西男女。共不過六萬餘人。豈不是每人亦必占有數鎗耶。今澳門軍械注册局。縱使查其數目。亦無如是之多。可知此項洋鎗。斷難免無接濟情事。

澳門被租已久。然未嘗有管理權。迨協緝洋藥事發生。總稅務司始力慫恿與葡國立約。聲明中國堅允葡人永居管理澳門。中葡和約。即以此為根據。舉國人士。莫不歸罪於當時之總稅務司竇我。是固然矣。而不知未派拱北關當時之稅務司奔走其事之前。而偷竇讓授之事。箇中人早經胸有成竹矣。至二辰丸案起。總稅務司又詳據中葡和約所載。澳門為洋界地方。前列之海面。即為通行之海。並非中國水面。嗣經粵海關稅務司宣言。中國雖允與澳門劃界。未允許前述之海面為公海。是則二辰丸所泊之海區。實係中國領土海面云。

光緒三十三年。葡領事因商船宣示事。查澳門至灣仔海面。久已實歸葡國管轄。凡往來該處船隻。除在澳門船政廳領牌照外。均不需向別處領取他樣牌照。一向執行無異。按照萬國海面公法。中國只可管理發給在中國海面行駛船隻之船照。不得增減改變。否則是為背違和約。抑且侵損衛國權限。懇請中政府速將已所給各船之船照。一律撤銷。此後并須飭令灣泊灣仔之各漁船。改泊澳門云。

宣統二年。因應劃領海權界線。劃出過路環一帶主權。其餘出入海口。及內外管海口全權。仍堅持爲澳門應行專管。其拱北關管理查察之權。仍祇及於外海馬騮洲。九洲一帶。內河管理之權。亦議在前山及灣仔至過路環之西半島。所有澳門之東半島。及斜線內出入口。及海外附近處所。即指爲澳門天然管屬。因之交涉無成議。澳門一處。販賣軍伙。向無禁令。該處中國海關。每遇有搜查軍伙。無論外輪華輪及漁船等。亦皆在按章查辦之例。惟因劃界糾葛。輪船固屬難以稽查。即應由海關稽管之漁船。亦每恃澳界爲逋逃藪。致海關查察管理不及。澳境既屬租借。安得有管海之權。中外治安。均有交通不便之妨碍矣。

檀香山交涉問題

庚子春。檀香山以治疫之故。焚燒人民財產數百萬。而吾華商居大半焉。初焚時。檀政府擔任賠償。迨後毫無影响。蓋檀政府之力。實不足以辦此。故請求諸美國華盛頓政府。乞以國庫支辦等稱。美國議會。此案殆將通過。全檀僑民。鵠立以待涸轍之救。乃最後為某議員所沮尼。竟以豫算案內除去此項。僑民欲得賠欵是否之消息。竟歸渺茫之問題。吾華商數百萬血本。其遂已矣。

號稱第一等文明國。號稱自由政體之大國。而其所行如是。誰直其所為耶。先哲有言。兩不平等者相遇。無所謂道理。權力卽道理也。斯言諒哉。吾聞南美洲之各地。數十年來。屢次革命。其革命軍無論大小。無論成不成。而無暴動一次。則吾華商財產損害者。必以數百萬計。今已不知其幾千萬矣。雖然。我國前清之朝廷。今日之政府。豈惟不問而已。并不知有此事。豈惟不知有此事。且并不知其地之有中國人也。

檀香山之役。日本人所損失者。不過區區十餘萬耳。然據當日報告。則旅檀之日人。開大集議於領事館。決議特派專員。歸愬於政府。由日本政府與美國政府直接交涉。然為一國公僕。受國民委託者。不當如是耶。呼籲乎。伸訴乎。遠父別母之孤兒。在途中受他人之擯啓呵斥。忍氣吞聲。并哭不敢。而何有於爭辯。哀哉弱國之民。哀哉交涉失敗之國民。

中國前清駐箚檀香山之領事官。貪污殘暴。闔埠僑商。久欲得其肉以為食。但顧全國體。不欲與為難也。仍以黷貨無厭竟。串同奸儈偷走鴉片私烟。計瞞稅值約墨西哥銀十萬元。又欲并奪其合夥所得一部份之利益。夥忿忿。洩其事。於是美政府根究全案。水落石出。并查有私帶不合例之人上岸之案多件。美政府乃照會北京政府。解其原有領事銜之職任。訊其罪。奈已冥冥他去矣。

美政府自後知中國官場。爲魑魅魍魎之窟也。乃告檀島華商曰。吾願與商交涉。不願與官交涉。請爾等於闔埠中有望者。公舉一人尊當領事。若貴國朝廷不公認。吾國能必有力使以認之。華商之有文明思想者。提及官之一字。輙鄙之不以人類齒。故未即承諾之。且聞政府欲舉金山紐約諸地領事。皆一律照此法行云。夫政府所派之人。致被出醜。外人得而逐之。其所不欲派之人。而他政府能力強之承認。是國耻也。政府自取其侮。而國民又烏可放棄其責任耶。

查關手續

員役辦公時間。不準擅離職守。其駐輪專員。非論是否因要事。未得別員替代者。亦不得離職。或離該船。縱因緊要公事。可托別員返關代陳一切。或以別員漸代之。於船上遇要故。可令船員懸升第九號旗於船桅上。即稅關旗也。員役之在關者。見此旗便即派員至輪接洽一切矣。

查驗行李。搭客所經之道路。員役則可於是處截搜之。惟檢查於船上者。則手續煩難。而設易瞞混。艇船之小。一人經手。較易妥驗。而輪渡等則否。船既分數層。搭客擁逼。行李衣箱。堆積如山。雖有全班員弁。尚不易逐件而盡檢驗之。且致有罔搜重驗之弊。搭客尤有煩言。每生齟齬。由是各員役之經手檢驗。必用白粉自簽己名於行李之面。藉資私之證。利用此種手續。俟該員搜查簽名畢。將所有未稅之物。而盡置於此行李物中。或用白粉偽效簽蹟。任意假冒。而真假莫可分別矣。孰爲鉛械。抑屬犯禁品。莫可奈伊何也。偶有一日。員伴不覺順假驗一箱。啓視之則皆屬未稅之品。與犯禁品者。彼此懷疑不白。即令再行一律重驗。從行李籠槓雜物。十份之六七。皆屬瞞稅之貨。被搜出之物。堆如山積。遂別其輕重。飭令補納加三倍之稅餉。或罰或充公。是故員伴之[illegible]。乃稍解釋。故查驗常致重覆之弊。今猶照舊執行。簽押之舉。亦因是取銷焉。

物既由驗貨處之員檢驗。隨令照章繳餉。給回餉單。註明物件及少多重數。蓋印簽押日期及列明繳餉若干。單譯有華洋文字。頗極慎重。遇員役之巡閱。該單必與原物同置一處。不得瞞混。詎日久玩生。竟有混借餉單之事發生。其佈置之黑幕。如某甲購得拜墊式打。笠衫三打。某乙購得鮑魚百斤。罐頭三箱。某丙又購得膠鞋九打。該甲乙丙三人先於船上將各物均勻。分作三堆。各生籮笠或行李盛之。每人自携一堆。分三路而去。甲或乘小艇。乙丙則前後轉搭別船矣。驗貨處之員役忙碌。不暇逐件註明於單。僅寫如遮衫鞋及海味等等。共稅銀若干字樣而已。某甲繳稅畢携物借餉單而去。某乙又携同式之物。候於駁艇。甲之物已放行矣。乃將餉單傳交與乙。某乙持物冒單亦被放行去。再將單轉交與丙。 尤是三部份之物。實得一部份徵稅而已。最後甲乙丙三人。仍聚會一處。均同原有之物。其所納之餉銀。 則三人均派償之。員役之檢查。後雖盡悉此輩奸謀。奈當時檢驗有餉單可憑。物件亦與單內相符。 殊無可扣留之。沒可奈伊何也。最後各員共議於檢查時。經手注明該船名編號於單之背。及其貨物已放行之單。則一律撕去單之角。如單無角。則扣留原物。罰以瞞混之罪。 至是稍爲歛跡焉。繼又有無賴之徒。胆敢用高價收買舊餉單。百端蒙蔽。至是又受所愚矣。 衆員役亦不得不以最後之審法而對待之。遂將所有已放行之餉單。由員役隨時收回毀滅。 以絕種種蔽端。此乃權宜以一時。及在一處範圍之辦法耳。倘爲別處員役覆搜。無餉單作証。 縱知其爲私。亦不能扣留之。夫既不能盡泯瞞私之弊。而反被營私之輩舞弊。直利用此法。以爲護符。致員役不能有重搜重驗之手續。則殊非善全之策也。

員役執獲犯禁品。藏匿者亦受控究。故畏罪不敢承認。或藏匿軍械犯禁品等於箱槓行李內。恒被株連將物扣留。全數充公矣。有貨物或行李被員役扣留者。若所值非鉅。可託代報貨稅人代理之。次日遵章繳餉便可放行。果所犯較重。或該貨品屬貴重物。關員欲執獲此物解關者。當時必協同物主檢點其數。隨給回扣留物之憑照一紙。註明日期及物主之名。貨物若干。船屬何名。 並簽押自己名字為據。此項被執獲之貨物。雖未必盡為該員負完全責任。然職所在。不得不小心防範。以致名譽尤關也。執獲之貨物。 最善則隨用火臘封密籮笠口。或於解關時。令物主隨行。縱使或有失漏情事。則員役之信讞。更可令人悅服。免涉嫌疑。

已執獲之物。解關則留貯船政廳處。由該員上稟控案。得稅司簽押。轉飭驗貨員驗明件數輕重。 封存於貨倉。物主他日憑該員所給之留物據照同稟呈上稅司。（或自認不明關例。致被執獲。情願備欵贖回原物等字樣）。 稅司如批准傳訊。罰欵若干。由物主繳欵。 向海關銀號購取銀單。至稅司辦公處呈繳。再由稅司飭令驗貨處。將存倉之原物給回物主。隨即放行。

凡出口之貨或物。被執獲者。 照章罰欵後。仍須遵例完稅。給回餉照及出口貨物之放行單。乃準由洋輪運載出口。員役亦當按例放行。 貨物被執獲後雖罰欵已放行。而仍未遵例再報關出口及完稅者。如被查出。論作再犯罪之案。辦法亦如前。

入口貨致被執獲者。其手續與出口貨之被執獲者同。物主若無員役所給之留貨憑據紙。 亦不準具欵備贖。

員役檢查搭客箱檳。倘有不將鎖匙呈出者。可令該人自行設法撬開呈驗。 如員役擅自代人撬啓。致被他人控告。則屬該員自負其咎。

箱檳行李。封固不能啓者。該搭客或代帶之人。又故意推諉。希圖吱卸情事。 員役雖不能妄行代啓。惟嫌疑所在。不能不令該物主或帶物之人。偕同原物赴關。以憑船政廳之決奪。

員役於船上執獲犯禁品或貨物。 最宜得多數人之耳目以為證。使免橫生枝節。 致受嫌疑。

昔有搭客，偶値關員搜查其箱櫃，該客口懷私意，慌忙失覺，悞將其箱內所藏之呂宋烟一盒。餽與該員，禮極歡恭，而關員因不敢受，再三推却，而客堅請如故，關員至此亦自覺殊失其雅敬之意，勉强允受之，迨搜查畢，其箱亦殊無犯例之物，該員於關務完竣後，持烟返寓，拈開烟盒之封口，內則藏有最新式之小鎗一柄，遂不禁愕然大駭，蓋此烟之餽贈也，實係當時該客之慾智，心懷所私，恐爲搜獲，必致干連，故逼不得已而冒險行此絕策，以圖卸身耳，該員始終固非有意受之，故不疑及盒內之有鎗，况搜該客之箱，殊無犯例之物，縱受其所餽贈。亦非狥私者同，該客旦起否有意餽贈其烟，及故意存有圖害之心，則不可言其究竟矣。邇來更有緞獄雅苦，及挾箇人之私嫌，而捕賍諉揑者。亦復不少，或將誌字跡於銀幣上，賄串傍人，從中擺弄，務使該銀幣入於該員身上爲止。其謀害之目的既達，該員因受嫌疑，反被他人所搜，果不幸被搜出之物，以爲可作証據，時則理相制窮，惟有靜首以待最後之判決而已。

稅關所扣留及執獲之犯禁品物等，辦法大抵共分六種。

第一種者，卽被關員所扣留之物，而該物主因不明關章，致未將物自行先報關者，抑屬確非有意瞞混，關員可以恕其所犯之罪，作不成証據備數之案。如該物所値尤非貴重，則隨時准該物之原主或代帶之人，向驗貨處遵章補納稅餉者是也。如驗貨處辦公時刻已過，可將物託交與代報貨稅之人，候至次日遵例照常報稅，

第二種者，卽被關員搜出有應稅之貨物，或行李等。如該物主或代帶之人，有意不先行將物報關者，該員可分別所犯之案情或重，果屬行李帶過物件，自可原宥其所犯之罪，僅扣留其物，補繳倍數之稅餉，俾以儆效尤者戒。

第三種者。即輪船艇渡之犯關章或航例。致被關員據情控案者。由稅司操權分別判懲。罰以相當之欵。亦有兼扣留該船停止開擺。俟扣留之期已滿。再由稅司飭令船政廳復成之。迨將所罰之欵繳足。便可放行照舊開擺。（例凡輪船艇渡之無牌照者。各關員役盤卡若丁儘可扣留詰問之。縱因遭溺沉失火毀賊刼情事。亦應隨時通報最近之關卡。以免涉及嫌疑。致受重罰。該所管之關卡。遇有此項報告迅即查明。補給新照印部。俾其照常行駛。）非論船上何人。均不得帶私信。被員役查出。確有據犯郵章者。由該員據情控告。以候船政廳分別判罰。俟將欵繳足。乃准銷案放行。如有員役執獲私信。無足証據可以拿人。及無人承認者。亦將原信。控訴於船政廳。照例發往附近之郵局。另按郵章辦理。

第四種者。即被關員搜出有未納稅之貨物。而知該人是有意瞞稅。該物既屬大帮而貨重者。可將原物扣留以待控案。隨給回物主以執貨之據照。物主或代帶之人。憑此據照具呈訴與稅司。如能原宥之。則可批准備欵贖回原物。然間有無賴之徒。冒稱物主。希圖朦混。此又關員及旅客之不可不知者也。

第五種者。即被關員搜出大帮或貨重之應稅貨物。而知該物主是有意瞞稅者。則扣留原物控諸案。幷隨時給回物主以執物據照。該物主仍憑此據照具稟呈訴稅司。以候發落。（倘批如詞所稟已悉。惟查該物顯然有違關章。其貨物應全數充公。所請姑候置議等字樣。）已被充公之貨物。由稅司指定日期。在驗貨廠當衆拍賣。又如所扣留或執獲之貨。當時無人承認。然既獲之後。仍未見物主到關承認者。亦同上述之辦法。

第六種者。即被關員所搜之犯禁品。為稅司判決充公者。每數月則清查一次。所獲之物係出口之米。則由稅司指定日期。當衆拍賣。如屬鹽。則由承餉之商。或鹽政處具正式公文照會。按齋備欵購買。如屬鴉片烟土烟屎烟灰等。則由該省行政官署。具正式公文照會。派員到關點收。親自押解回署。如屬軍械鎗砲利器等。則由陸軍部或該省行政公署。具正式公文照會。派員到收。如硫磺硝礦等。則由硝磺總局處。備價購買。辦法與鹽務同。

其餘執獲之物。均由稅司取決。視其案情如何。分別發落焉。

稅關所有進入之罰欵。除指定之成數。分別為辦事之內外班員役充作花紅外。正式稅餉之進欵數目。一律仍由該海關庫務處。造册存案。以備參查。

驗貨常識

◎英國驗流質(即水量油量 酒量液量)估度表率

弍玻璃杯則成為一(拿毡)。	計五箇安士重
四倍拿毡則成為一(扁)。	計一磅零四安士重
二倍(扁)則成為一(骨)。	計二磅零八安士重
四倍(骨)則成為一(加侖)。	計十磅重
二倍(加侖)則成為一(碧)。	計二十磅重
四倍(碧)則成為一(保就)。	計八十磅重

八倍（保疏）則成爲一（骨打）。　計六百四十磅重

◉量布表率（與量織品質同）

二寸及寸四分之一。則成爲一（尼路）

四倍（尼路）則成爲一（骨打）碼。（即一碼之四分一）

肆倍（骨打）則成爲一碼。

◉量長短表率

十二度線位。則成爲一寸。　十二寸。則成爲一尺。

三尺則成爲一碼。（英文譯碼爲徒）　二碼則成爲一（化狹）

五碼半則成爲一（實路）。　四十倍（實路）。則成爲一（快耶）。

又計八倍之（快耶）。則成爲一（英）里程。蓋即一千七百六十碼之長也。

◉權量貨物表率（惟權量金銀貴重首飾等不在此例）

十六倍（晏林）則成爲一（安士）。　十六倍（安士）則成爲一（磅）。

十四（磅）則成爲一（士東）。　廿八（磅）則成爲一（骨打）。

四倍（骨打）則成爲一（晏地滑）。　二十倍（晏地滑）則成爲一（噸）。

按計英量一(噸)即華量一千六百八十觔重也。

◉權量 金銀貨物 貴重首飾 表率

二十肆倍(忌林)則成爲一(扁尼戚)。
二十倍(扁尼戚)則成爲一(安士)。
十二倍(安士)則成爲一(磅)。

◉英國 金銀圓幣 價目

四(化錠)則成爲一(扁尼)。
二倍(士令)則成爲一(非羅崙)。
廿倍(士令)則成爲一(素華崙)。又亦英金一磅。
十二倍(扁坭)則成爲一(士令)。
五倍(士令)則成爲一(奇冷)
廿一個(士令)則成爲一(堅坭士)

◉笨重 流質權量

八倍(加崙)則成爲一(保疏)。計之即八十磅。
三倍(保疏)則成爲一(鍚)。計之即二百四十磅。
十二倍(鍚)則成爲一(差崙)。計之即弍千八百八十磅。

◉平方 量度表率

一百四十四寸。則成爲一(肆角)平方尺。
九倍(肆角)平方尺。則成爲一(肆角)平方碼。
三十倍(四角)平方碼及碼四分之一。則成爲一(四角)平方(保路)。
四十倍(肆角)平方(保路)則稱之爲一(律)。
肆倍(律)。則成爲一(啱阿)

海關之犯條

犯禁品

搭客自衛之各種軍械品。非有政府之正式護照。毋論在身在船。若被查出。一律仍當作犯禁品論。船上之醫宅藥房所存各項存毒藥。非有醫生或足証之憑據指出。若被查出。一律仍當作犯禁品論。犯禁品。軍械品。及毒藥品等。雖有護照爲據。註明輕重件數。惟逾其額者。一律仍可扣留干涉之。

(政府禁運之)鴉片。	(臨時命令)刷印品賭票。	獵鎗(即鳥鎗)。	各種鎗砲。
烟屎烟灰烟丸烟酒。	火粉鎗。	鎗砲機件。	毒藥釘。
製造軍械機器。	炸藥炸粉爆炸品。	短劍指揮刀。	毒藥品。
彈沙彈丸。	硝鏹硫磺。	僞銀票。	利械兇器。

彈殼彈釘。　硝鹽洋鹽。　僞銀。　藥嘴藥線。
未貼郵票之信件。　毒氣之鎗砲。　銀模。　藥雷機件等。
生熟鴉片烟膏烟坭。　嗎啡高堅。

游戲玩品

惟游戲品之玩物等。一律仍作有税品。遵章報關。繳餉便可放行。
惟游戲品之風鎗彈沙彈丸彈釘等。一律仍作有税品。報關繳餉。便可放行。
惟學堂所用操練之假鎗。而不能配彈者。一律仍作有税品。准予遵章納餉放行。

政府臨時之命令

頒行臨時命令之犯禁條則。各屬關卡。因就地而施設。故微有不同。
出口或入口之紙捲烟葉烟。及烟餅煙絲等。除指定限額外。逾額則一律充公。或扣留科罰。
出口或入口之各種醇酒等。除指定限額之外。逾額者則一律充公。或扣留科罰。
出口或入口之鴉片類藥眾。高堅嗎啡等。如被查出。則一律充公。並追究帶者。
出口或入口之煙屎。煙灰煙丸煙酒戒煙酒戒煙丸等。其數在逾限額之外者。充公兼究罰。
出口之銀毫國幣。其數在逾限額之外者。准扣留之。或懲以相當之罰欵。
出口之穀米。其數在逾限額之外者。准扣留充公。
出口之鑄造品製錢。其數在逾限額之外者。准扣留之。或懲以相當之罰欵。
商輪不得兼拖逾額之船艇。如非關卡時准。一律從嚴查究。
大小輪船艇舶。不得擅自懸掛各國國旗。如非關卡之特准。一律從嚴查究。

內河小輪。未向航務局領取特准拖魚船之牌照飾部者。不得違例兼拖魚船。否則準各關卡查究。

印刷品。如滙票銀幣憑照等。必要將確鑿憑據指出。并覓本處殷實商戶保領。乃能放行。

港口航例（西江）

戲班之箱櫃。由洋輪轉載出洋者。必具押櫃銀存貯於該所管之關廠。所爲保證金。迨原箱櫃將來復入口之時。若尚依足日子。可領回原押櫃之保証金。

攝影之器具。或機器用品。於入口時欲免稅者。辦法仍如前述。迨原件於依足日子運載出口之時。仍可領回原押櫃之保證金。

屍棺骨函。由洋輪儎運出口或入口者。必報關請驗。得有証據確鑿。之文憑護照。 或醫院醫生及衛署官員簽押之照會。驗明之後便可放行。

運儎洋鹽。道經關卡。須呈出北鹽務司所給之運鹽憑照及公文等。分別驗實印戳。點明件數及是否。有封條貼固者。驗明便可放行。

運儎煙土。必繳該處關卡之正式護照公文爲據。註明運儎煙土之船屬何名。 由何埠何日啓行。道經某處。前往某處。輕重與件數相符。驗明便可放行。

運儎生坭。卽生鴉片煙丸。每丸貼有慎重之稅票。註明運儎之船爲何名。 何日由何處啓行。道經某處。前往某處。輕重件數及日子印戳相符。驗明便可放行。

輪船既抵港口。泊碇海中。待有關員登船檢收船牌艙口單。及軍械照等。然後各大小貨船及客艇。乃能灣泊輪旁。稅關例設有小木牌。編列船艇之號數於牌面。(式分客艇牌貨艇牌兩種)。小艇之僅能容坐數人者。則不設木牌。惟仍須遵關章編號於船尾處。以誌記認。至輪拖之載客偷渡。原有該渡之渡名。合共僅有數艘。較易辨別。故無需編號也。)各艇遣人持此小木牌至關內船政廳處。換取小旗一面。而插於該艇尾蓬處。以誌認識。待清關之後。輪鳴汽笛。始準各船艇相繼泊近輪旁。(關員於關內先將各艇所呈之小木牌各員均派其數各執此木牌按艇次序而檢查)

賣生菓食物之小艇。均編有號數。祇準售賣食品。不得攙運客物情弊。故亦無須發給木牌。

驗貨廠處。公務頗忙。港澳入口之輪船。多在晨早午前。故劃定午前時刻。爲搭客行李零星徵稅之時間。逾此時間。則須撥歸次日辦理。輪船出口多在午後。故指定下午時刻爲驗出口貨物之時間。然搭客行李之出口者。極少應稅之品。載出口貨之貨艇。同時不得兼攙入口貨。俾免淆亂。而易以分別稽查。

入口之洋輪。抵泊港口時已在午後。可先查驗搭客放行。而輪船上所有貨物。留候次日辦理。又或抵泊港口之時已在深夜。員役亦各已散班。則全船之搭客及貨物。須遵關例停泊海中。不准船艇泊近。不准客或貨上落。稅關且派員駐輪監守之。搭客之因特別急要事故。而欲立卽離船登岸者。於輪抵泊之時。可面求登船清關之關員准予通融辦理。準其箇人先行登岸。惟不得携帶行李什物情事。由該員親手隨時搜驗畢。便可放行。如無小艇渡接。或再求准同乘稅關之快艇而登岸者亦無不可。

洋輪泊離港口。例有指定之時刻啓行出口。若因候搭客或候貨物者。逾此時刻。仍未啓行。

值日辦公之員役亦已散班。則將手續及責任而交代與值夜之關員接理。由值夜之專員。再派專差至輪。而與值日之駐輪專員交代。

輪船因候客。恐至逾指定之時刻始出口者。須遵例繳納押櫃銀十兩。如因候貨。恐至逾指定之時刻始出口者。須遵例繳納押櫃銀叁兩。此項押櫃銀。由該船公司之代理人交與值夜差之關員收存。或該值夜之關員可向該輪辦房問取。如押櫃銀已收妥。須給回印刷品之收據。簽收蓋印。方爲有效。候貨物或搭客落船已畢。搜驗搭客行李及檢查貨物。其權仍由值夜專員協同駐輪夜差辦理之。乃可清關放行。

輪船因候貨物或搭客。雖已繳交押櫃銀。惟尚未逾指定之時刻則已出口。此項押櫃銀。漸時存貯關內。次日仍須將之交還與該經手人。

大小駁客之船艇。所駁接入口之搭客。須駛至關員檢查處。俟員役檢查後。乃能放行。不得任令搭客未經關員之檢查而擅自登岸。如有犯者。則罪歸該艇主。員役先查渡客小艇。然後查駁客艇。而免遲延時候。

凡各大小駁客艇之查驗已畢。隨由該員給回該艇之小木牌。再由艇家將領得之小旗一面。繳回關內船政廳處。如搭客行李什物。確已完稅。及得有餉單憑據者。乃准放行。

員役之檢查。最後乃查儎艇之輪拖餉渡。指令應稅各物登岸至關完稅。後巡閱已完稅之各物。是否確有稅單爲據。其餉銀多少與件數相符。巡閱既畢。便可放行。

大幫商貨之入口。既用貨艇由輪駁儎至驗貨廠候驗。先呈報單及駐輪關員所給之起貨証據。由稅務司批準。轉飭驗貨員點驗。如物與數目相符。隨即完稅。 由稅務辦公處給回正式之收稅憑照及放行單。艇家乃將所領之小旗繳回船政廳。并取該艇之小木牌一面。旋即放行。惟該貨物須與稅照及放行單存於船內。不得相離。

查驗出口貨物或搭客之辦法。與查驗入口者同。惟出口貨物之已完稅。由關內辦公處給回正式收稅憑照。及准貨出口之放行單。轉由該貨艇之艇家。呈交駐輪之關員點收。乃可將貨搬運過船。

駐輪專員。憑稅關所發准出口之貨物放行單。檢明貨艇之編號。貨式件重相符者。准其搬運過船。惟如被查出貨艇於半途起卸或添儎貨物者。毋論是否瞞稅抑屬混雜。或代替別貨艇運儎者。（惟預早已有通告。及得稅關處特准者不同。）有權控案究罰。

駐輪專員。經已檢點之貨物。件數輕重與所存之出口貨放行單相符。該項放行單便作取銷。將來仍須繳回船政廳處。貨物落船已畢。隨封艙口。迨輪船鳴號啓行。而駐輪專員之責任。亦因是而完竣矣。

洋輪入口。所儎來之貨。由該輪辦房譯明艙口單分正副式套。當稅關之員已登輪清關時。由辦房將此艙口單呈繳。迨簽押已畢。正套則繳存關務處。留作証據。副套則由該員已交與所派駐輪之專員收執。如船上貨物。或因遺漏。或係悞譯。數目貨式均不相符者。駐輪專員儘可令該辦房自行赴關補改更正。補改更正之點。須得稅司或船政廳之簽據方爲有效。又其次駐輪專員。所存之副套。仍由該辦房自行簽據更正之。而補改艙口單。亦恒有之事。惟以重數改作輕數。及以多數改作少數者。尙屬易以通融辦理。惟以少數改作多數。及以輕數改作重數者。則難免疑及有瞞報之情事矣。

欲補改艙口單。稅關原限於泊錠後廿四點鐘之內。尤可隨時通融辦理。駐輪之專員。必令該辦房先將正套改妥。然後乃能更改自己所執存之副套。不得任意先改副套。而後乃至關求改正套。即譬如稅司及船政廳。因疑有別故牽連。故不准其補改者。則屬駐輪專員個人之咎不能歸諮辦房之過也。

洋輪攜人口之貨。出貨艇駁載之時。 有駐輪之關員專監視起卸貨物為貨。如遇有貨物與呈報之艙口單不符件數者。不得給以起貨之証照。且停止其搬貨過船。 及令該辦房或該艇之報貨稅人。據情面稟船政廳。以憑決斷。

火小輪船艇艙。果非違背關章。及有確証之不遵航例行駛者。非論道經何處關卡巡廠。均不得任意留難之。否則定為該員個人自受其咎。

關員於辦公之時間。不得擅穿便服。及不得擅離職守。縱遇有友朋之不得已應酬。亦不能任意辦私事及所作不正之行為舉動等。

輪艇拖渡之歸該關範圍內所管轄者。未經該關之員搜驗放行。則非論何處衙署卡廠之員役。均不得越權爭先搜驗。

凡各輪艇渡船。既經關員搜查放行後。而又被別處關卡員役扣留貨物或搜獲犯禁品。 及因犯例而致干涉者。則與前所查驗之關員無涉。

輪船渡艇之被碰撞觸沉於海面。非論是否有礙航線。或可致危險者。夜間必要懸紅色燈火。以示儆告。并須隨時通報附近之關卡或衙署兵艦等。以為設法保護助救。

如有迎娶或運棺槨骨函。及有大帮像私行李者。果欲順未經稅關編號之船艇。 灣泊輪傍為之駁載者。併論出口或入口。必先向船政廳處求准人情後。乃能有效。即予以小旗一面。揷於船篷尾之當眼處爲誌記。駐輪專員於搬運行李過船之際。必加意檢驗。該艇搬運已畢。仍灣泊於稅關碼頭。再候關員查驗。最後乃將所領之小旗交回船政廳處。便可放行。

輪拖餇渡及駁客之艇。祇准載搭客出入。貨艇祇准運載出入口之應稅貨物。不得混亂兼載。以昭劃一。違者重罰。

凡代報貨稅之人。或艇戶及搭客等。因有特別緣故。不能覓貨有編號之船艇。或欲順客艇以載貨。或順貨艇以運載搭客。或兼載搭客及貨物者。可面謁船政廳準予通融辦理。

每一貨艇。祇准運載一個字號之貨物。不准一艇兼載數個字號之貨物。否則不能放行。惟已有稅關之特別人情者不在此例。船艇之運儎軍械或犯禁品等物。須呈出關卡官衙所給之照會及公文。由關員驗明簽據及起程之日子。其件數亦屬相符者。準即蓋印放行。

單行小輪船不準儎客。惟有關卡所給有効之照會者。不在此例。如查出其客數逾額者。可罰該輪主以相當之儆戒。有以非禮語言而辱罵關員者。亦致千罰。初次所犯者。罰欵不得少過(海關紋銀)五兩。隨罰隨繳。乃能放行。否則將該船牌扣留。

小輪所拖帶之雜船。內河航例原准拾艘。唯河道窄狹者。致恐相碰。而保生命起見。故准拖三艘。逾額者准控究懲罰。惟得有關卡特準之人情者。不在此例。

運儎火水危險物之船艇。於船桅上須懸記號。以誌辨別。日間則升紅色小旗。夜則升紅色之燈。船艙板蓋一律須封密。并有關卡所加封之鉛印爲號。恐防從中半途舞弊或生不測之虞。且不得兼儎貨物或搭客等。於抵埗時則泊港口之外。報關查驗。俟派有專員至輪監視。檢點件數確屬相符。乃能將該物起卸或轉運往別處。

大小商輪船艇。道經各關廠。必須遵例停輪報關。所呈之報關單。註明某月日某輪由某處。單行或拖帶多少船艇。係有貨物或搭客或空儎。道經某處前往某某處等字樣。關員查驗其船牌執照船鈔。或檢查該船之自衛軍械。是否有軍械護照。軍械額數亦須相符。不得逾額。否則仍被扣留作瞞報之罪論。所呈出之報關部。須有沿途所經關卡之印戳簽據日子為憑。乃准放行。

大小商輪船艇所道經關廠釐卡之前。必鳴號而過。或遵例停輪報關。如委代帶郵政信箱或關卡來往公文等。該船不得推諉。若有失漏遺悞。否則為該輪船主是問。縱遇有意外之虞。以致被失者。其船主須親赴該關面禀被失情形。以憑查究。

大小商輪船艇。如有不遵航章辦法。而任意瞞報偷運之事。必予重懲。雖或可繞道而過。但終被別處關卡查出。且印部之日期簽印自有不同。有犯上述情事者。關員有權控案。懲以重罰。

駁貨艇所儎出口之貨。泊輪之傍。既得稅關所給之出口貨放行照。呈繳該駐輪專員收執。自可搬貨過輪。惟至已逾辦公時刻。而貨尚未完竣者。該員可詢該輪辦房呈繳押櫃銀。若有輪船於將近啓行之際。不願因候貨或客。而延悞其時刻出口者。則無需繳交押櫃銀。此時駐輪專員可立卽止截過貨。（於該艇所繳呈之出口貨放行照內隨註明是日止截某項貨品共多少件數。）所截留之貨。仍放回該原艇。將情形禀覆船政廳。以俟次日之再運出口。輪船欲啓行。則可鳴汽笛催促清關。而海關之値日員日或駐關之夜差專員。立將該輪所存關內之船牌及軍械照。交回舟師或辦房收執。并偕所派駐輪之專員返關散班。然後將是日該輪截留貨物件數。及啓行時刻等情形。照常註部存記。此即截留出口貨之手續。及輪船出口之清關手續是也。

毋論各大小輪船。輪首之左右兩旁。必燃紅綠色之燈。使船艇易以迴避。不致危險。違者科以重罰。

輪船渡艇。須常保守該船之牌照報關餉部等。遇有將近滿期之牌照餉部船鈔及軍械照。又特別批准行駛之據等。須預期轉換。逾期則作廢。違之者仍作故意犯關章論。有失去牌照餉部等事。該船主須從速赴關報案。視其所報之案情如何爲定准。儻可從新補給。輪艇渡船於駕駛時。不得擅自開艙起卸貨物。或接上落之搭客等。其於途中因有意外之事故發生。如被霧淵觸撞及機壞等者。則不在此例。

港口航例（漢口驗船衛生禁令）

輪船來漢口者。毋論屬何國籍。入口時必先停泊於吳淞口外。以候該驗船燻疫所之醫生登輪診驗搭客後。乃能准予入口。

內河之小輪船。或已入口之輪船。若被驗出有關與疫病（即傳染症）之可疑者。立即駛赴附近之驗船燻疫所處。命全船搭客及水手等由醫生分別診驗。并飭令該疫船退出港口。泊留以待燻治。

凡輪船船隻之被驗出有傳染病發生者。或該船是由其曾宣佈有疫病之埠而來者。未入口以前。一律須寄錠港口外。懸升黃色之醫生旗於頭桅上。俾該處船政廳分別查勘辦理。若未得船政廳之批准。此時所有衣箱行李貨物用品。及船員水手搭客等。均不得上落及離船。大小船隻亦漸行禁止灣泊其傍。

已宣佈有傳染病發生之商埠。其處輪船於未開行之前。必得該港口所轄理之船政廳（或臨時公定之驗疫官）發給正式憑照一度。照內所言。如（計明某船某日由某埠運貨或儎客前赴某埠。於某日某時未啓行之前。經由本某官遵守傳染病例驗妥放行。保此船開行日起之十天內。永無傳染病復致發生。屆期至貴某港寄錠。或沿途所過之處。請貴關廠派員分別後驗。俾其貨物搭客人等登岸。）云

每年西歷由六月至九月止。凡輪船於此季內由上海而來漢口者。道經九江之時。必得該九江海關勘驗後所發給之平安衛生照。方準離埠首途前往漢口。

各大小輪船等。無論何時駛來漢口。於進港口之際。若被驗出船上有傳染病發生。或搭客及船員中有疾病可疑者。須停泊港口外十大。俾分別驗查。乃准其貨物搭客及船員等進口。

各大小船輪等。途次來漢口時。若有搭客人等發生傳染之病。於未進口之前。須在附近口界外。漸行寄錠。并懸升黃色之醫生旗於頭桅上。俾海關或驗船燻疫所派員登輪查驗。

各大小輪船由別埠來漢口。途次得有傳染之症發生。而進口之時又值黃昏黑候者。應懸紅白紅之號燈三盞於頭桅上。入口之後。仍須寄錠海中。不得泊岸橋。不準船員搭客或貨物行李登岸。船艇亦不得灣泊其旁。俟海關之醫官（或臨時之平安衛生官）登輪診驗後。准予以相當之辦法乃可。

既已入口後或在港口內寄錠之輪船艘隻。毋論在於何時。遇有搭客人等發生傳染之病者。須即禀報該處之理船廳。如經驗確爲有傳染病者。該醫官或平安衛生官。(又或驗船熏疫所醫官)可令該船立即退出港口之外寄錠。

平安衛生官。得有專權以裁理該已發生傳染病之船舶。及其有傳染症病人之如何熏洗。如何辦治。則按照公定之衛生條例。分別施行。

輪船每次遵例受衛生官勘驗後。毋論所驗得之實情如何。當由衛生官抄錄所驗過之情形。送與該船所屬國籍之領事照知。俾得遇事易以接商。而昭公道。

已有傳染症發生之地方。所有產出之川品食物類。如獸皮。貂皮。狐皮。羽毛。毛髮。爛布。舊紙。鮮菓。各類瓜菜。及坭灰。土沙。屍櫬。一律嚴禁不准運載進口。

其已宣佈有傳染病發生之商埠。後驗得病症情形確已杜絕。則驗船之禁令當由該處海關宣告漸行解除。而驗船熏疫所亦仝時停舉。平時勘驗來往船舶。祇由平安衛生官專職以統治其事。

毋論各大小輪船之舟師船員。及辦公事理之官員服務人等。有違上述之章例而擅自執行者。處以重懲。或有瞞匿不報。串通賄弊者。亦予以最嚴重之懲誡。

此項驗船之禁令。係徵集公共人民之意見而協定。自設立後。無論何人均不得擅自修改。縱有不得已之舉。亦須再行商集公共人民相當之意見。商定修改之點。仍須預早六個月爲通告期。至期滿後。乃能遵照所修改之點爲有效力。

美國新金山海關之稅驗

凡輪船入口新金山及碎都路埠者。直泊碼橋側。稅關派有專員駐守監視。并檢驗搭客之隨行衣箱等。未驗之前。各行李須經關員編列碼號。分別標誌。并書該客之姓名於行李物之上。簽回代收行李之証據。以憑檢驗。事畢。該物主將原簽據紙交回與關之監督員。如編號及物數相符。行李非有犯禁品。各物確無需納稅者。即令將該原物放行。

凡由此埠出口之客。毋論隨身行李若干件。必先預列清單報關。註明行李多少件數。屬舊或新置者。所值如何。由何地方購來。其已用過多少時日。一一均須明白詳開。不得含糊。致干控罰。如有意希圖瞞報情事。稅關有權將該所報之行李物件。扣留罰欵。

搭客行李之報單。由稅關給發。單爲印刷品。并詳載規則。搭客塡註報單已畢。交與駐輪之專員簽據。以備呈關。

凡由此出口之搭客。屬美國民籍者。據美國稅關則例。除每人自帶隨身行李。如衣箱衣服鞋帽首飾鞭竿及小攝影機等。其餘額外隨帶之品。限値壹百元以內。使杜絕各客之帶貨希圖獲利也。

入口所有之傢私檯椅器皿用具。均須納稅。乃得放行。至已破爛復被修葺或經用過一年之傢私器具等。儘可驗確有証。准予免稅。

非屬美國籍之居民。欲悉關例及出入口之章程者。可直向該最近之美國領事署。詢問一概。無不詳細答覆。

有印刷品所謂行李價值單者。該入口之客在起程處未離埠以前。應預向最近之美國領事署取此項行李價值單。將自己行李物之多少註明於單內。隨身携帶備驗。庶免關員有臨時之干涉。

隨行之旅用品。價值如何。是否確值在一百員以內。抑屬逾其額值者。須遵稅關所估定之價目爲表決。按例執行。果有以其所估值之價爲不合。可請稅關復將其物從新切實估值。惟該客之旅用品如已遷離關廠之後。稅關則不負重覆估價之責任。而咎則在該客焉。

緝私叢案

犯案第一

捕探王才。在來往香港安南之樂生輪船機艙內。搜獲安南生烟膏八百二十兩。不知物主屬誰。遂將烟膏解案。及審知物主既已逃去。無罪可歸。因是將所獲之烟膏充公。

犯案第二

硝磺廠分卡捕員。在火車站。截獲(官買)之公烟四兩。係用紛絲蓋之。而藏在籮底者。被拿連將証物解案。控其有運烟出口之罪。被告則自認爲水客。所揹之物係受人託使者。實不知籮底藏有私烟。牽判罰銀五拾圓。烟則充公。

犯案第三

搭墨加波船抵埠之女客。鄭氏區八嫂等。在輪船被同艙之搭客李兆何起兩人。手持銀幣。約有數十張。紮作一札。自言是初次到埠。不識路途。求代引往找換。并允酬以厚謝。婦允之。而李北則將原幣金紮。用小絲巾包好。交與鄭氏接收。時何起又推有事將他往。李北自應漸留艙中守候。自言且可代照管其衣箱。婦臨去之際。李北經手點交銀幣之數。確值千員左右。詭云不能堅信。特索該婦之金手鈪鑽石約指等爲按。俟找換回來。則彼此可將原物交還等語。詎婦人慳貪其利。竟將手飾交與爲按。尋至找換處。正拆視其巾包之銀幣。內是皆爛字紙。外僅有眞銀幣一張。所值不過數員耳。及返船上。以覓李何。不料踪蹟渺然。檢視衣箱。亦均被搖。竊去所有貴值之衣裳銀兩等。不下千餘元。旋報警局緝獲。終無影响焉。

犯案第肆

劉四乃來往省澳之輪船舵工也。因懷有土烟叁両。意圖私運出口。被捕差李江同截獲。由稅務司裁判。准予具保在外後審。惟有保單弍百伍拾員乃可。

犯案第伍

蛋婦區梁氏。向在江門關廠分卡河前操艇業。被卡役控告有公烟八両。意欲私運出口。將原物連人扣留解案。審時該被告自認是與人携帶者。因歷訊其口供。確知係有意自運。與人無尤。判罰銀弍百伍拾員。

犯案第陸

輪拖餉渡之件麥子元甘貴兩人。乃在該渡爲舟子者。渡固是來往澳門荻海者也。於碼頭之陣底。遺放硫磺百觔。正欲搬運落渡艙。被緝私員所獲。控之以案。審時祇認該物爲某水客所帶。此次不過代其搬運落船等語。且搬運時雖實不知內爲何物。而某水客經已在逃。無從拿獲。判罰每人弍拾五員。或監禁苦工一閱月。

犯案第柒

西歷一千九百一十五年。由香港稅關緝獲之軍伙生熟煙膏等。其數最繁。猶勝以昔。六月十五號。被賊匪刼秀梅沙分廠。因有一關員與之劇戰。竟被鎗死。十一月份尾在來往港梧之輪船。搜獲子彈一萬二千餘顆。是藏在煤艙中者。用炭灰餘燼掩之。 子彈則入於蔴包之內。後以無從追究物主。遂解案而充公焉。

犯案第八

苦力周召。被三水分卡捕私員。緝獲私煙二十兩。遂控之於案。罰銀一千五百員。私煙充公。被告自認物爲他人所給交代運。不過因窮而獲所得。願帶差訪拿該原物之主云。 蓋物主固爲是地最著名之富戶者也。

南寧巡輪緝私員。搜查日安拖客渡搭客陳天予之夾底木箱 。藏有鴉片煙土十磅。解案控究。自認箱主乃伊在外埠所識之友人贈送。其木夾底之煙。確屬不知內情等語。判罰銀五百圓。因無欵遵罰。解縣審訊。禁以兩閱月之監守。

犯案第九

姜英龍乃某輪船之伴。於夜輪抵步泊埔東碼橋。手持皮夾登岸。被巡探截查。據稱夾爲伊友在船買藥之具。不過代携登岸而將物交回原主者。巡探允其所供。跟尾隨之。 果至某寓處。姜偕捕仝入。而所謂伊友買藥者出與接見。并道謝代携皮夾之勞。談畢。正擬將該夾拈入內房。詎被巡探拔鎗指之。令渠呈出鎖匙開夾。內則滿貫丸散。 底層藏有熟膏二十餘兩。時所謂賣藥者則痛罵姿某挿贓圖害。自言前曾因借不遂。故假此尋讎報復。姿某不認有其事。反指其欲移罪與人等語。官訊以挿贓何能得匙啓夾。況搜姿某之身并無可疑之處及鎖匙等証。遂判賣藥者入獄九閱月。而煙寄充公。

犯案第十

郵差鄭滿。被控當派信往某旅店時。私將信面已貼之郵票揭去。指爲未貼郵票。復向該店之伴。索銀弍毫一案。後經官裁判。謂郵差作弊。久有所聞。不能不重懲。以儆將來。遂定罪入苦監三閱月。

犯案第十一

婦人朱桃。與其契女嚴玉嬋。由安南到埠。在小艇於泊灣碼頭登岸之際。被捕私員在婦身上搜出私烟五両。又搜其契女身上。亦懷有煙四両。故將其二人解案控究。并被罰銀五百圓。否則入苦監三月。姑念其幼女。年少無知。從輕罰銀一圓。所有私烟充公。

犯案第十二

麥存生在黃埔碼頭附近之車站。被包探在其身上搜得碼子一百五十粒。 解案罰銀五百員。否則入獄苦工三閱月。

犯案第拾叁

黃小小。爲大妃宮橋某艇戸之妻。於離船登岸時。被旅威搜私員在其籐籃之蒸粽內。搜出安南煙十弍両。由官提將。被告直認不諱。但苦求輕辦。官判罰銀七百両。否則入苦監四閱月

犯案第拾肆

婦人劉燕好。被捕私差於其行李中。搜得鎗碼一千弍百顆。乃控以未有政府發給之軍伙護照。而私自運帶軍械出口。彼此由律師辯論良久。卒以該婦所携之行李。何得內藏軍伙。而原帶之人尚可諉詞推罪者。乃判罰銀五百員。否則入苦工監禁三閱月。被護之鎗碼充公。

犯案第拾伍

梁毓召。於搭甯陽火車返江門時。被緝私員在其身上。搜出牛腸衣一條。內藏有未經火煑熟之鴉片汁共重二十兩。由該地方官提審。判罰銀七百五十員。如三天內不能將罰欵繳出。則應入獄四閱月。

犯案第十六

僕婦王梅愛。由安南埠搭輪回粵。登岸後。僑寓中興旅店。擬即日轉乘輪渡返鄉。被烟膏檢查所之緝私員。在其行李內。搜得安南庄鴉片烟膏拾壹兩。以其有犯禁例運烟之罪。留所候訊。卒定罰銀七百五十員。否則解縣嚴行究治。

犯案第拾柒

老婦婦周二嫂。搭輪抵泊廣州碼橋。被守卡搜查員。在其行箱中。緝得未貼郵票之信二十封。拘控於案。判罰銀柒拾大員。或入羈留所禁監弍閱月。

犯案第十八

馬榮。收賬客也。行經黃沙車站。被關員在其身上搜出鎗碼一百五十粒。係用布縫作背心。將碼實於其中。環繞衣內之腰上。遂被遞解於案。自認一時悞受他人愚弄所致。不過貪其酬利以爲代勞等語。官姑輕恕之。僅判罰銀五百員。或入獄三閱月。以昭炯戒。

犯案第十九

伍求彥。粵之新會人。由金山埠乘輪抵廣州。正在覓艇將行李轉搭鄉渡之際。被水上警察在其行囊中。搜出十三响長鎗一枝。六响短火二枝。左輪手鎗一枝。配彈共五百四十三枚。藥線一紮。藥粉一盒。及尙有製造械品之機件數事。卽將之解官鞫究。審其口供。自認曾出洋四十載。未嘗歸國。此次不諳禁例。致所帶之軍械而犯及國法。訊以何須携帶如許械品。自言謂鄉間多賊。不能不賴此以保衛己身之財產物業。訊其年歲。則以六十對。遂從輕警戒。判罰銀五百員。所獲之軍伙。盡行充公。

犯案第式拾

林貫悅。汕尾之貨客而來粵辦貨者也。欲搭省港輪船出口。被駐守碼頭之緝私偵探。在其衣槓內。搜出廣毫八百伍拾員。官判罰銀一百員。幷令將該銀毫找換銀票。或由殷商保釋。卽將該欵妥爲通融滙寄。

犯案第式拾壹

莫閏妹。搭梧州輪船欲旋鄉。被駐輪女探在其褲頭內。搜得私煙三両。控之於案。直認該烟欲爲自吸用之計。官判罰銀一百員。如不能將罰欵繳出。則入獄兩閱月。

犯案第式拾弍

李梓雲。車上之販食物件也。在河口附屬之火車站處。被車上偵探在其身中。搜出私信三十伍封。遂拘解於案。卽罰銀玖拾員。或入獄三閱月。

犯案第式拾叁

凴添。被藥膏檢查所之稽查員。控以常用鴉片塗在小布中。作膏藥狀式。貼敷身上。冀圖瞞搜。幷拿得其所設烟館內之無賴辈多人。實屬有違禁例。且犯治安。官判該館主之凴添罰銀一百五十員。餘則每名罰銀五元。所有烟具傢私全數充公。勒令即將煙館閉歇。及責成該業主自後宜謹慎出賃。切勿再蹈前轍。

犯案第弍拾肆

容包。行經小市塲。被站岡警兵在其夾袋中。搜出安南烟膏一百卅伍兩。 解案訊審。判禁苦工監拾弍閱月。

犯案第弍拾伍

李吏華。搭佛山渡欲回鄉。被駐守碼橋之捕探在其脚上搜得鴉片烟灰九両。有違禁例。拘解於案。由官提審。判罰銀七十五員。或入苦工監六星期。

香港酒稅章程

(卑蘭地)洋酒。	每加崙重。	征稅銀叁員六毫正。
(威士奇)洋酒。	每加崙重。	征稅銀弍員四毫正。
(毡)酒(林)酒。及各色洋酒。	每加崙重。	征稅銀壹員弍毫正。
(深邊)酒。又名三鞭。	每加崙重。	征稅銀二員四毫正。
(士白其鈴)酒。及色酒。	每加崙重。	征稅銀一員八毫正。
(勿爹剌)酒。(砞)酒。(車厘)酒。	每加崙重。	征稅銀一員八毫正。

土蒸之酒。用罇頭裝載者。	每加崙重。	征稅銀一員弍毫正。
木箱桶載之酒。	每加崙重。	征稅銀陸毫正。
普通之土蒸酒。	每加崙重。	征稅銀弍毫四仙正。
酒精。酒種。火酒。上等醇酒。	每加崙重。	征稅銀叁員正。
土蒸之酒。每百份不滿酒精之廿五份者。	每加崙重。	征稅銀壹毫五仙正。
土蒸之酒。每百份不滿酒精之卅伍份者。	每加崙重。	征稅銀弍毫正。
土蒸之酒。每百份不滿酒精之四拾伍份者。	每加崙重。	征稅銀弍毫伍仙正。

賣酒家及蒸酒家。不能任意將酒移運或賣與出口他處。除按章繳稅。及遵守酒章而行者不在此例。

香港烟草類徵稅定章

說明 徵收煙草之稅。均論磅量計。所收之稅。一律照該煙草之來價算值。

種類 凡屬煙草。煙葉。煙絲。煙餅。紙捲煙。包庄煙。呂宋煙。均作煙草類。一律徵稅。

等級 煙草種類之價值。貴賤不同。特編之爲第一。第二。第三。第四。第五。等級數。

（等級）	（磅量）	（來價）	（稅值）
第一等	每磅	值二員二角以外者	徵稅　一員伍角

第弍等	每磅	值壹員六角至二員二角以內者	徵稅	七角
第叁等	每磅	值壹員壹角至壹員六角以內者	徵稅	叁角
第肆等	每磅	值陸角至壹員壹角以內者	徵稅	弍角
第伍等	每磅	值壹角至陸角以內者	徵稅	壹角

中國出入口貨稅

中國徵稅之關銀比例

（仍照市面找換之行情而論故不能實指其價值）

關銀一兩	即英國之金銀	值約二（士令）七（邊士）
關銀一兩	即美國之金銀	值約六角二份
關銀一兩	即法國之金銀	值約三（佛郎）零三角九
關銀一兩	即德國之制銀	值約二（嘜）零六角七

關銀一兩	即印度制銀	值約一(路卑)零九角伍
關銀一兩	即日本國制銀	值約一大圓二角伍仙
關銀一兩	即俄國制銀	值約一(立布)零六角三
關銀一兩	即鷹洋銀	值約一洋圓四毫一仙

中國與條約國協定之稅章

(一)凡稅章內所列之貨式。觔量件數。如有逾額或少過額之所定者。一律照其加減量均數類推。

(二)凡稅章內所列之貨式。罇庄。桶庄。瓶庄。罐庄。盒庄。包庄。箱頭等等。一律均照稅章執行。其餘零星散庄量庄。仍按稅章分別所定之條則而行。

(三)烟膏。毒物之藥。及酒類。 軍械品。硝。硫磺。鐵類。嗎啡。犯禁品等。非得有衙署正式之照會。及該口之稅關或領事所許。一律仍作運私論。按稅關條約可將該物扣留或充公。并究罰該携帶之人。

(四)協定之稅章。所定之稅餉。指論大幫商貨而言。其餘搭客行李所夾帶之零星雜物。例雖可按此章加減類推。然稅關因地位及埠口之不同。故另訂有額外行李之稅章也。

(伍)所估值貨物之原價。雖由報稅人或商戶呈列單開。但稅關有權按例飭令更正之。 該貨物原有發貨單者。關員索驗。該商人亦須遵命呈驗。如被查出有假冒塗改之証據。或以昂貴報廉值者。以重報輕者。一律仍作有意瞞稅例。

(六)凡屬糧食品之如米麥穀麵粉等類。一律免稅。唯另訂有限制之章程。

(七)凡屬洋鹽等。一律不準運載入口。違者充公。幷罰該運帶之人。

(八)軍械品。雖有國家政府之準照。而未向該稅關報明者。關員有權干涉之。

(九)貨物之由外洋入口。而未向該所管之稅關報明。或未經稅關批准。欲起貨登岸者。關員有權干涉之。幷控以運貨入口不報關之罪。

僑旅錦囊

中國入口貨之徵稅

硫酸　每百觔稅一錢八分七厘

汽水(大罇)　每十二罇稅五分

汗衫小鈕(小式)(磁質)每十二打數稅一分

琥珀　每百觔稅三兩二錢五分

牛蹄畜蹄類　每百觔稅一錢二分五厘

茴香(每百觔價十伍両者)每百觔稅一両

洋梅菓之仁　每百觔稅九錢

各種麵粉類估來價值百抽伍

阿魏　每百觔稅一両

普通洋紗類　每百觔弍両二錢伍分

疏打阿詩料　每百觔一錢伍分

鮑魚　每百觔一両伍錢

製食品之酵粉(一磅庄)每打稅三錢零三厘

製食品之酵粉(三磅庄)每打稅八錢一分

製食品之酵粉(伍磅庄)每打稅壹両三錢伍

竹枝　每仟竿稅四錢

鋏斧(小式)　每打稅五錢

火腿燻肉醃肉類　估來價值百抽五

草蓆質之織包　每千箇稅一両二錢五分

草蓆質之織包(舊)估來價值百抽五

布質之織包每千箇稅四両弍錢伍分

布質之織包(舊)　估來價值百抽五

蔴質之織包　每千箇稅四両弍錢伍分

蔴質之織包(舊)估來價值百抽伍

製食品之酵粉(四安士庄)每打稅八分三厘

製食品之酵粉(六安士庄)每打稅一錢一分

製食品酵粉(八安士庄)每打稅一錢四分伍

製食品酵粉(十二安士)每打稅二錢二分六

粧飾品之假珠　估來價值五抽伍

珊瑚色珠子　每觔稅七錢五分

瑪瑙色珠子　每百觔稅七両

各色玻璃製之假珠子估來價值百抽五

印度樹皮	每百觔稅七分三厘
桑樹皮	估來價值百抽五
李菓樹皮	每百觔稅一錢二分
染料用之黃樹皮	估來價值百抽五
藥材用之黃樹皮	每百觔稅八錢
糧食用品之粉類	免稅
苡米	每百觔稅三錢
磁鐵面盆（不過九寸大）	每打稅五分
磁鐵面盆（不過九寸以上者）	每打稅九分
金色鐵面盆（大過九寸以上者）	每打稅錢七五
飾花鐵面盆（大過九寸以上者）	每打稅錢二伍
鉛或白鐵面盆（普通）	每十二打稅二錢伍分
檳榔乾	每百觔稅弍錢弍分五厘
檳榔（新鮮）	每百觔稅一分八厘
印度解毒藥（牛璜）	估來價值百抽五
疏打酸粉（化學品）	每百觔一錢伍分
黑色海參	每百觔一両六錢
白海參	每百觔七錢
各類荳仁荳子等	估來價值百抽伍
船來醃製牛肉品	每百觔稅叁錢七分五厘
黃臘	每百觔稅一両六錢
皮帶類	估來價值百抽五
安息香（膠質）	每百觔稅六錢
安息香用之膠液	估來價值百抽五
象木製之花旗椅	每打稅八錢
（北林）錦羊毛絨	每百觔稅四両
各種羊毛毡毯類	每百觔稅叁両五錢
檳榔衣殼乾	每百觔稅七分七厘
檳榔衣殼（新鮮）	每百觔稅一分八厘
檳榔葉乾	每百觔稅四分五厘
書卷部本類（印刷品）	免稅
各種皮靴布靴	每對稅八分
各種鞋靴類	估來價值百抽伍
生硼砂	每百觔稅六錢一分
熟硼砂	每百觔稅両一四錢六
羽紗品毛織品之邊帶	每百觔稅伍両

腳車用之鐵類機器	估來價值百抽伍
腳車全架	每架稅三両
一號燕窩	每觔稅一両四錢
弍號燕窩	每觔稅肆錢五分
三號燕窩	每觔稅一錢伍分
巴黎之藍靛料	每百觔稅一両五錢
汽爐之鐵類	每百觔稅二錢
虎骨	每百觔稅弍両伍錢
水牛之皮類	每百觔稅八錢
水牛之角類	每百觔稅叁錢伍分
水牛之筋類	每百觔稅五錢五分
金屬銀屬生礦苗質	免稅
舶來品之普通粗布	每一千碼稅弍両八錢五
舶來品之各種牛油(食品)	每百觔稅弍両
牛仔皮料(熟製)	每百觔七両
樟瑙	每百觔稅一両六錢伍分
樟瑙精(製)	每觔二両肆錢伍分
樟瑙精(未製)	估來價值百抽五
生銅餅	每十二打稅二分
生銅片	每百觔稅一両六錢七分伍
泥製之磚	估來價值百抽五
硫磺硫酸類(未製)	每百觔稅一錢五分
硫磺硫酸類(已製)	每百觔稅二錢五分
煤炭	每噸重計稅五錢
黃銅之碎沙粉等	每百觔稅弍両弍錢
麥米穀麥皮粉	免稅
製菓(每罐弍磅半)	每拾弍罐稅六分五厘
次製菓(每罐弍磅半)	每拾弍罐稅伍分七厘
製筍(每罐弍磅半)	每拾弍罐稅一錢一分八
粟米(每罐弍磅)	每十弍罐稅五分四
青豆(每罐弍磅)	每十弍罐稅六分
長角豆(每罐弍磅)	每拾二罐稅五分四
番茄(每罐二磅)	每十二罐稅五分四
番茄汁(小罇)	每打稅五分四
番茄汁(大罇)	每打稅八分七
菓子汁膠糖醬類(瓶)	每打稅六分

洋蠟燭(九安士)　每廿五包庄稅七分伍厘
洋蠟燭(十弍安士)　每廿五包庄稅一錢
洋蠟燭(十六安士)每廿伍包庄稅一錢叁分三
洋蠟燭各庄及各色　每百觔稅七錢五分
椰衣掃(一尺長)　每百觔稅二錢
椰衣掃(伍尺長)　每千竿稅叁錢
牛肉食品(一磅庄)　每打稅一錢四分四
肉　醬(磅半庄)　每打稅一錢
肉　醬(三磅庄)　每打稅一錢八分一
豬肉荳(一磅庄)　每打稅四分
豬肉荳(二磅庄)　每打稅七分五
豬肉荳(三磅庄)　每打稅八分五厘
湯　汁(六磅庄)　每打稅弍錢四分四
牛腩羊腩食品(半磅庄)　每打稅九分八
牛腩羊腩食品(一磅庄)　每打稅弍錢零四
牛腩羊腩食品(磅半庄)　每打稅弍錢八分七
牛腩羊腩食品(三磅庄)　每打稅三錢三分三
牛腩羊腩食品(三磅半庄)每打稅肆錢肆分伍

菓子糖醬類(弍磅庄)　每打稅一錢一分八
牛奶(每箱四打每罐一磅)每箱稅弍錢五分
生製鮮牛奶(中罐)　每箱四打稅二錢三分
生製鮮牛奶(大罐)　每箱二打稅弍錢六分
火腿肉食品(一磅罐)　每打稅一錢一分四
火腿肉食品(半磅罐)　每打稅七分七厘
雀鳥菜蔬食品(半磅)　每打稅五分二厘
雀鳥菜蔬食品(四磅)　每打稅弍錢一分
雀鳥菜蔬食品(十四磅)每打稅八錢一分
各類食品罇庄罐庄等　估來價值百抽五
帆布類(闊不過三英尺)每碼稅一分
咖單文(上等)　每百觔稅十兩
咖單文(普通)　每百觔稅一兩
咖單文(衣殼)　每百觔稅弍錢伍分
紙牌骰具牌類　估來價值百抽伍
地毯地蓆類　估來價值百抽五
桂子　每百觔稅七錢伍分
桂枝　每百觔稅一錢七分

牛脷羊脷食品(三磅庄)　每打稅伍錢一分五
牛脷羊脷食品(三磅半庄)　每打稅伍錢肆分伍
藥用草蔴油各油類　每百觔稅一両
硝酸疏打藥(化學)　每百觔稅弍錢二分五
英坭　每原桶稅一錢五分
柴木之炭　每百觔稅三分
航海圖地理圖類　免稅
之士卽牛奶皮(食品)　估來價値百抽伍
風栗　每百觔稅一錢八分
土茯苓　每百觔稅六錢伍分
磁器缸瓦窰器類　估來價値百抽五
綠氣酸炭(化學)　每百觔稅三錢
朱古力糖類食品　每磅稅一分弍厘
黃色顏料品　估來價値百抽五
捲烟之紙(不過二寸長四寸闊)　十萬塊稅一錢二分五
上烟仔(每千價四両五錢)　每千枚稅五錢
呂宋烟　每千枚稅五錢

鏌鑄品　每百觔稅五錢
機器油類　每百觔稅一錢伍分
玉桂　每百觔稅四両
鐘錶類　估來價値百抽伍
鏌砂紙木砂紙(長方一尺)　每拈稅弍錢五分
洋布疋頭類　估來價値百抽五
丁香　每百觔稅六錢三分
丁香屬類貨　每百觔稅叁錢六分
丁香油　每觔稅一錢五分
煤炭(亞洲產)　每噸計稅弍錢五分
外洋煤炭　每噸計稅六錢
呀嘯米(顏料)　估來價値百抽伍
咯哥粉食品或糖類　每百觔稅叁両六錢
椰子油　每百觔稅肆錢
咖啡荳　每百觔稅壹両
穀稻類　免稅
舖門口之地蓆毯類　每十弍件稅一両
棕質地毯類(長百碼闊三英尺)

丹砂硃砂　每百觔稅三兩七錢五

各式熟皮　每百觔稅七兩

帶子肉（江瑤柱）　每百觔稅弍兩

珊瑚碎　每百觔稅五錢伍分

繩索纜類　估來價值百抽五

普通毛絨繩織類（下等）　每百觔稅五兩三錢

糧食品之粟粉　免稅

棉織品之布（四十碼長四十寸闊）

重量每疋七磅者　每疋稅五分

棉織品之布（四十碼長四拾寸闊）

重量每疋九磅者　每疋稅八分

棉織品之布（肆拾碼長四拾寸闊）

重量每疋拾一磅者　每疋稅一錢二分

棉織品顧綉類　每觔稅弍両肆錢

棉花　每百觔稅六錢

上等鹿角　每百觔稅八両伍錢

嫩鹿角（北產）　每對稅弍両伍錢

各種北產之鹿角　估來價值百抽伍

每稅二兩七錢伍分

棉線紗線（即各色線轆）每百觔稅三両

棉紗之線轆（五拾碼長）每拾弍打稅四分

棉紗之線轆（二百碼長）每拾弍打稅一錢六

棉紗　每百觔九錢五分

棉紗冷絨紗毛冷絨　每百觔三兩五錢

各種布疋類　估來價值百抽伍

熟牛皮　每百觔稅弍両伍錢

牛筋　每百觔稅五錢五分

鐵造洋磅（秤器）每百觔稅二兩七錢二分伍

水晶類器皿　估來價値百抽五

薯莨（染料用）　每佰觔稅一錢五分

舶來品之加崙子　每佰觔稅五錢

墨魚乾　每佰觔稅六錢六分七

鹿角　每佰觔稅一両五錢

象牙類　每佰觔稅叁両

金鋼沙鑽石碎粉質　估來價値百抽五

上等葵扇　每千枚一両

鹿筋	每百觔一兩零五分
龍血竭	每百觔稅四兩
棉紗織品之笠衫笠褲每拾弍件稅一錢二分五	
籐黃	每佰觔稅弍兩七錢
紅色之磁油	每百觔稅一兩
白鉛類	每佰觔稅四錢五分
五倍子	每百觔稅八錢七分
大靑(顏料)	每百觔稅一兩六錢
上等銀硃	每百觔稅四兩
充銀硃	估來價值百抽五
白窩澤鐵片	估來價值百抽五
各油漆料顏料等	估來價值百抽五
各木料杉松木板等	估來價值百抽五
魚肚	每百觔稅四兩弍錢五
魚皮類	每百觔稅六錢
柴魚	每百觔稅三兩一錢五
火石類	每百觔稅四分
西米薯粉類	估來價值百抽五
中等葵扇	每千枚稅四錢五分
下等葵扇	每千枚稅弍錢八分
普通用之扇類	每千枚稅一兩四錢
絲品之扇	估來價值百抽伍
雀鳥之羽翼毛	每百枚稅二錢伍分
雀鳥之羽翼毛(全)	每百枚稅六錢
孔雀尾之毛羽	估來價值百抽伍
瓦筒紅瓦	每佰觔稅五分
木柴類	每佰觔稅一分
魚骨類	估來價值百抽五
各類魚乾	每佰觔稅三錢一分五
各類海鮮魚等	每百觔稅一錢三分七
魚膠液	每百觔稅四兩
次等參(每觔價六兩)	每觔稅三錢七分五
三等參(每觔價弍兩)	每觔稅弍錢弍分
下等參(每觔價不過弍兩)每觔稅八分	
生參(每觔價弍兩)	每觔稅弍錢弍分
生參(每觔價不過弍兩)每觔稅七分弍厘	

船來品之夫士急紙	每佰觔稅一兩三錢
洋遮之柄及鏌枝類	每十弍套稅八分
木耳雲耳類	每佰觔稅一兩七錢一分五
白木耳雲耳	每觔稅弍錢五分
各種傢私器具類	估來價值百抽伍
加魯木板類	每觔稅一錢
煤汽喉用之機器	估來價值百抽五
姜油	每佰觔稅六兩七錢五
上等參(每觔價十兩)	每觔稅一兩一錢
沒藥(液質)	每百觔稅四錢六分五
松香脂	每百觔稅一錢八分七
馬毛	每佰觔稅一兩四錢
馬尾毛	每百觔稅二兩五錢
馬鞍用之皮料	每百觔稅三兩
膠質之刨木花	每百觔稅一兩
發酵用槐花(製食品用)	估來價值百抽五
樹膠(生質)	每百觔稅三兩一錢四
樹膠靴	每對稅八分
野山或普通參類	估來價值百抽伍
水銀度之玻璃鏡	每丁方一英尺稅弍分五厘
無水銀度之玻璃片	估來價值百抽五
玻璃碎沙粉等	估來價值百抽五
水晶器玻璃器類	估來價值百抽五
金銀首飾器皿類	估來價值百抽五
台灣產之草蓆	每幅稅伍分
磁油類	每百觔稅一兩
地荳(即花生)	每百觔稅一錢五分
神香類	每佰觔稅六錢四分
火水(即火油)	每原箱庄十加崙稅七分
火水(論量)	每美量十加崙重稅伍分
空火水罐箱	每一箱及弍罐計稅伍厘
羊皮	每百觔稅七兩
木質之漆器	估來價值百抽伍
燈具燈器類	估來價值百抽伍
燈用之燈心綿繩	每百觔稅弍兩
猪脂猪膏油	每百觔稅六錢

樹膠鞋　每對稅弍分
樹膠象皮類各品物　估來價值百抽伍
染顏料用之靛液　每百觔稅弍兩眷二分五
印刷用之墨水印油品　估來價值百抽伍
魚膠　每百觔稅四兩
菜膠　每百觔稅一兩七錢五
珍寶首飾類　估來價值百抽五
荳蔻　估來價值百抽五
上等火柴　每五十箇哥羅士盒稅一兩五
中等火柴　每五十箇哥羅士盒稅一兩六
普通火柴類　每五十箇哥羅士盒稅六錢三
火柴（小盒式）每一百箇哥羅士盒稅九錢弍分
製火柴用之木料　估來價值百抽五
製火柴用之玻璃粉　每百觔稅一錢一分
製火柴用之燐質　每百觔稅四兩一錢弍分五
製火柴用之蠟質　每百觔稅五錢
製火柴用之木片木料　每百觔稅一錢一分三
草織之床蓆　每百塊稅三錢弍分伍

上等色染之皮類　每百觔稅七兩
生鮮檸檬　每千枚稅肆錢
荔枝干　每佰觔稅四錢伍分
蓮花干　每百觔稅三錢弍分五
龍眼干肉　每百觔稅伍錢五分
龍眼干連殼　每佰觔稅四錢伍分
龍門粉通心米粉類　每百觔稅三錢弍分五
銕線銅線鉛線類　每百觔稅一兩一錢五
羅絲釘銕釘類　每佰觔稅一兩一錢伍
銕鉛銅錫之銹屎碎　每百觔稅三錢
德國製造之銀色鐵片　每佰觔稅弍兩二錢
德國製造之銀色鉄線　每百觔稅一兩五錢
鐵練類　每佰觔稅二錢六分伍
鐵喼類　每百觔稅一錢肆分
鐵磚　每百觔稅七分伍厘
捲筒齋用之窩澤銕片每百觔稅弍錢七分五
鉛條　每百觔稅弍錢八分伍
鉛片　每百觔稅叁錢叁分

各項生草藥材類	估來價值百抽五
瓜子即瓜仁	每百觔稅弍錢五分
銕枝銕條銕棒類	每百觔稅一兩一錢五
鋼片類	每百觔稅二錢五分
鋼線鋼器鋼纜類	每百觔稅七錢五分
嗎啡類即鴉片質(藥用)	每一安士稅三兩
紋蚌殼	每百觔稅七錢
冬菇香辛白菌	每百觔稅一兩八錢
紘索音樂器具	估來價值百抽伍
麝香	每百觔稅九兩
淡菜蚌肉乾	每百觔稅四錢
縫工用之針(上等)	每百咪稅一兩八錢
縫工用之針(次等)	每百咪稅一兩五錢
縫工用之針(下等)	每百咪稅九錢八分五
新聞紙小說書類	免稅
荳蔻仁	每百觔稅一兩五錢
欖油	每加崙稅六分二厘
檀香木	每觔稅二錢四分
鉛喉管	每百觔稅弍錢七分伍
半錫半鉛之鑄質	每佰觔稅弍兩六錢
水銀	每佰觔稅四兩弍錢八
生烟膏鴉片(藥用)	每百觔稅三十兩
另釐金稅	每百觔稅八十兩
熟烟膏鴉片(藥用)	每百觔稅六十兩
另釐金稅	每佰觔稅一百六十兩
鴉片之皮殼衣	每觔六分二厘
菓殼陳皮	每百觔稅八錢
紙製之扇	每千柄稅一兩四錢
普通寫字之紙類	每百觔稅一兩二錢
黑胡椒子	每百觔稅七錢六分
白胡椒子	每百觔稅一兩三錢三
燐質之藥品(化學)	每佰觔四兩一錢弍分五
猪皮	每百觔稅伍錢
蝦米蝦乾	每佰觔稅一兩
印刷品月份牌圖畫	估來價值百抽伍
籐織品之櫈椅具	估來價值百抽五

僑旅錦囊　中國出入口貨稅　八四

欖仁欖子酵製欖	每百觔稅一錢八分	籐心	每百觔稅弍錢二分五
籐皮	每百觔稅七錢五分	各類貨辦（確非貨品者）	免稅
籐片	每百觔稅三錢弍分五	（仍限以額數　逾額者一律仍須納稅）	
籐條	每百觔稅二錢二分五	檀香油	每觔稅弍錢四分
松香	每百觔稅一錢八分七	檀香之粉末	估來價值百抽五
犀牛角	每百觔稅二兩四錢	蘇木	每百觔稅一錢一分二
馬鞍騎具	估來價值百抽伍	臘猪腸	每百觔稅八錢零八
鍈鑄之夾萬（即銀櫃）	估來價值百抽五	香木類	估來價值百抽伍
船來品之三紋魚肚	估來價值百抽伍	海馬之牙	估來價值百抽五
鹽醃之鹹魚	每佰觔稅一錢六分	火漆即火臘	估來價值百抽五
鹽醃之肉食乾	每百觔稅四錢七分五	海帶碎片	每百觔稅一錢伍分
鹹欖	每百觔稅一錢八分	海帶（長條）	每百觔稅一錢五分
鹹製之菜瓜千片	每百觔	紅色海帶	估來價值百抽五
鹽製瓜菜干片	估來價值百抽伍	蓮子肉	每百觔稅一両
鹽硝（特色批準辦法）	每百觔稅三錢弍分五	蓮子（連壳衣）	每百觔稅四錢
芝蔴	每佰觔稅弍錢	狐貍之足爪	每百對稅三錢伍分
車衣車鞋之機器	估來價值百抽伍	紅色之狐皮	每塊稅一錢三分七
魚翅（黑色）	每佰觔稅一両六錢零八	草羊皮	每佰塊稅弍両伍錢

魚翅(製淨)	每百觔稅六兩
魚翅(白色)	每百觔稅四兩六錢
沙魚皮	估來價值百抽五
玳瑁	每觔稅四錢伍分
舶來品之思歷(膠質)	每百觔稅二兩五錢
普通之布類鞋	每對稅弍分
各式靴鞋類	估來價值百抽五
假金線銀線(粧飾品)	估來價值百抽伍
水牛筋牛筋	每百觔稅　錢五分
鹿筋	每百觔稅一兩零五分
土猪之皮	每百枚稅二兩
熊海貍鹿白狐之皮	估來價值百抽伍
狗皮	估來價值百抽伍
鼻烟	估來價值佰抽伍
肥皂即梘類	估來價值百抽伍
各式之襪類(每打價銀一兩)(絨毛織品)	每打稅七分五厘
各式之襪類(每打價銀一兩以下)(絨毛織品)	
兎皮	估來價值百抽伍
綿羊之嫩皮	每佰塊稅弍兩六錢伍
獺皮(陸地所產)	每百塊稅八兩
大野猫之皮	每塊稅弍錢二分五
貂鼠之皮	估來價值百抽伍
樹貍之皮	每百塊稅弍兩
海狗之皮	估來價值百抽五
綿羊皮	每百塊稅三兩
鬆鼠之皮連尾具	估來價值百抽五
鬆鼠之尾	每百枚稅弍錢
豺貘之皮	每佰觔稅六錢
鐵路軌道用之陣木	估來價值百抽伍
洋青料(顏色)	每百觔稅一兩六錢
砌磚(丁方六英寸)	每百塊稅六錢
堅質之木陣類	每一英方尺稅弍分
柚木之陣類板類	每一平方英尺稅八分一
鉛鐵質之水桶	估來價值百抽五
火絨	每百觔稅三錢伍分

中國出入口貨稅

每打稅三分弍厘

皮鞋之底	每百觔稅二両五錢
醃料之豉醬油類	每百觔稅二錢伍分
遠望鏡映大鏡類	估來價值百抽伍
黃糖	每百觔稅一錢九分
冰糖	每佰觔稅三錢
上等白糖方粒糖等	每百觔稅弍錢四分
硫磺(須特別批準)	每百觔稅一錢五分
上硫磺(須特別批準)	每百觔稅二錢五分
洋遮(絲織品)	每柄稅八分
黃色之蜂臘	每百觔一両六錢
日本國產品之臘	每百觔六錢五分
百勒芬之臘	每百觔稅五錢
上等白臘	估來價值百抽伍
舶來品各項洋酒類(上等)	每箱十二大罇稅六錢五分
舶來品各項洋酒類(次等)	每箱十二大罇稅叁錢
烟葉	每百觔稅八錢
烟絲類(已製)	每百觔稅九錢五分
煙絲類(五磅庄)	估來價值百抽五
姜黃	每佰觔稅一錢八分五
松節油液水類	每一加崙稅三分六
佛青(顏料)	每百觔稅伍錢
洋遮各式類(鑲飾之柄)	估來價值佰抽伍
洋遮(綿織品布品)	每柄稅二分
洋遮(絹織品)	每柄稅叁錢
紅酒砵酒	每箱十二大罇稅七錢
沙甚酒(桶庄)	每百觔稅四錢
沙甚酒(罇庄)	每十二罇稅一錢一分
卑蘭地酒威士奇酒	每公定量之一加崙稅一錢二分五
卑蘭地酒(罇庄)	每箱一十二罇稅五錢
威士奇酒(罇庄)	每箱一十弍罇稅叁錢五分

普通洋酒類每公定量之一加崙稅二分五厘
各顏色洋酒類(上等) 每箱十二罇稅五錢
各顏色洋酒類(上等) 每公定量之一加崙稅一錢五分
紅酒砵酒每公定量之一加崙稅一錢七分五厘
麥酒啤酒林擒酒車厘酒(桶庄) 每公定量之一加崙稅二分
波打酒(桶庄)每公定量之一加崙稅二分五厘
灰色綿紗 每百觔稅九錢五分
北林產品之羊毛冷紗 每百觔稅四両

各毡酒林酒(罇庄) 每箱一十二罇稅二錢
各毡酒林酒每公定量之一加崙稅九分
酒精即火酒每公定量之一加崙稅二分八厘
上等之醇酒精蒸之酒 估來價値百抽五
麥酒啤酒林擒酒車厘酒(罇庄) 每一十弍罇稅八分五厘
波打酒(罇庄) 每箱十二罇稅一錢
舶來品之疳積餅(每罇六十粒) 每十二罇稅三分五厘

求志文集

每本定價 角

盧達宸作

盧公達宸。近世名儒也。負奇才。而有大志。好讀書。尤工吟詠。光復後。隱居林下。久不問世。然不忍民生凋敝。每有感於心。必發爲詩詞。以自鳴志。爰擇其有關於今日之世道民生者。計詩詞論說凡三百餘首。整定付梓。公諸同好。洵傑作也。公身雖遯世。而心未嘗忘世。然其憂世之苦心。豈得以石隱者流目之哉。爰誌數言。爲之介紹。

岡州 梁益三識

中國出口貨之徵稅

明礬白礬	每百觔稅四分五厘	檳榔衣殼	每百觔稅七分五厘
青礬硫酸鉄	每百觔稅一錢	檳榔	每百觔稅一錢五分
茴香碎	每百觔稅二錢伍分	黑色海參	每百觔稅一両五錢
茴香油	每百觔稅伍両	白色海參	每百觔稅三錢五分
八角(香藥料)	每百觔稅伍錢	一號燕窩	每觔稅五錢五分
杏仁	每百觔稅四錢伍分	弍號燕窩	每觔稅四錢五分
信石砒霜(須特別準)	每百觔稅四錢伍分	三號燕窩	每觔稅一錢五分
紙遄花品	每百觔稅一両五錢	角料器骨料器	每百觔稅一両伍錢
阿魏	每百觔稅六錢伍分	書卷類	免稅
竹料竹器具	每百觔稅七錢五分	古書古字畫作玩物者	估來價值佰抽伍
玻璃料鈪及首飾品	每百觔稅伍錢	銅鈕類	每百觔稅叁両
蔴麩	每百觔稅三分伍厘	銅片	每百觔稅一両伍錢
各類荳子	每百觔稅六分	銅鑄之器具	每百觔稅一両
黃色之蜂臘	每百觔稅一両	銅線	每百觔稅一両一錢五
樟瑙精	每觔稅一両三錢	硫磺類(不准出口)	每百觔稅二錢
籐竿	每千枝五錢	樟瑙	每百觔稅七錢伍分

班瓷	每百觔稅二兩
帆布(長不過五十碼)	每塊稅四錢
土製地毡地席地墊	每百塊稅三兩伍錢
桂子	每百觔稅八錢
桂油	每百觔稅九兩
桂枝	每百觔稅一錢伍分
草蔴油	每百觔稅弍錢
畜牲類	估來價值佰抽伍
航海圖地理圖	免稅
柴炭	免稅
海圖地圖而作玩品者	估來價值百抽五
風栗	每百觔稅一兩
蛋白(濕)	每百觔稅二錢二分五
製蛋黃	每百觔稅二錢二分五
鮮蛋	每千枚稅二錢八分
製蛋醃蛋	每千枚稅三錢五分
象牙碎	每百觔稅叁兩
象牙(成具)	每百觔稅肆兩
土茯苓類	每百觔稅一錢叁分
普通陶器缸瓦品	每百觔稅四錢伍分
上等陶器缸瓦品	每百觔稅九錢
丹砂	每百觔稅七錢五分
玉桂	每百觔稅一兩五錢
鏰鏢類	估來價值百抽伍
綿織品之布類	每百觔稅一兩五錢
絲織品之布疋	每百觔稅十兩
丁香	每百觔稅伍兩
丁香母	每百觔稅一兩八錢
洋煤(另有專章)	每噸稅五分
土產煤	每噸稅一錢
四川產之煤	每噸稅二錢
土產之各項煤類	每噸稅叁錢
鰵魚乾	每百觔稅一錢八分
魚肚	每百觔稅一兩
普通魚皮	每百觔稅二錢
火絨火石類	每百觔稅叁分

爵旅錦囊　中國出入口貨稅　九十

羽毛之扇　每百柄稅七両零五厘
上幼葵扇　每千柄稅三錢六分
普通葵扇　每千柄稅二錢
孔雀尾及各種鳥羽毛　每千條稅四錢
毛織品之絨毡帽　每百頂稅壹両弍錢五
絨毛毡等碎　每百觔稅一両
木柴等　免稅
鹹魚乾　每百觔稅一錢八分
高麗產參（次等）每觔值五両以下　稅三錢五
日本產參（次等）每觔值伍両以下　稅三錢伍
日本產參　每觔值壹両以下　稅五分
高麗參　每觔值一両以下　稅伍分
日本高麗參尾參鬚　估來價值百抽伍
土產參類　估來價值佰抽伍
玻璃料鈪器皿類　每百觔稅伍錢
玻璃料製之珠類　每百觔稅伍錢
玻璃燈料類　每百觔稅伍錢
玻璃燈料類　估來價值百抽五

麵麥粉類　免稅
石耳木耳雲耳類　每百觔稅六錢
姜黃　每百觔稅一錢
薯莨　每百觔稅一錢五分
籐黃　每百觔稅一両
蒜頭子　每百觔稅三分伍厘
美國產洋參　每百觔稅八両
美國產生參　每百觔稅六両
高麗產參（上等）　每觔原價伍両　稅五錢
日本產參（上等）　每觔原價伍両　稅五錢
草織之蓆布（次）　每百觔稅七錢伍分
草織之蓆布（上）　每百觔稅二両伍錢
麩餅（田料）　每百觔稅叁分
地荳即花生　每百觔稅一錢
安息香膠液　每百觔稅六錢
安息香油液　每百觔稅六錢
血竭（龍血膠）　每百觔稅肆錢五分
沒藥　每百觔稅四錢伍分

玻璃片每箱一平方尺塊	稅一錢五分
膠液類	每百觔稅一錢伍分
山東之黃鐵鑛質（經政府協定）	免稅
假金線	每觔稅叁分
眞金線	每觔稅一兩六錢
穀麥類	每觔稅一錢
谷堅類（另有專章）	估來價値佰抽伍
呀囒米（顏料）	每百觔稅伍兩
洋銀洋銅幣	免稅
椰衣棕類	每百觔稅一錢
焗炭（卽焗煤）	每噸稅一錢五分
舊銅片類	每百觔稅五錢
銅苗（卽銅鑛之苗）	每佰觔稅伍錢
珊瑚	每百觔稅一錢
假珊瑚料	每百觔稅叁錢伍分
呂宋產之繩纜類	每百觔稅叁錢五分
瑪瑙珠	每百觔稅七兩
瑪瑙石	每百粒稅叁錢

製造火藥品	（犯禁品）
石膏（玄精石）	每百觔稅三分
駱駝之毛類	估來價値佰抽五
草羊之毛	每百觔稅一錢八分
火腿	每百觔稅伍錢伍分
白蔴	每百觔稅三錢五分
波蘿蔴	每百觔稅三錢五分
土產之靭草白蔴類（未製）	估來價値百抽五
棱絹類（長四十碼闊三十六英寸）	每疋稅弍錢
普通粗綿布	每三十五碼稅弍錢
剪絨類	每三十肆碼稅一錢五分
爛綿碎	每百觔稅四分五厘
生綿花	每百觔稅三錢五分
綿紗線	每百觔稅七錢二分
綿紗	每百觔稅七錢
牛蹟	每觔稅一錢六分
爆竹類烟花品	每百觔稅伍錢

綿織斜紋布(長四十碼闊三十六英寸)	每疋稅八分
綿織品之土布(長二十四碼闊三十六英寸)	每疋稅八分
蔴皮	估來價值佰抽伍
牛皮水牛皮	每百觔稅伍錢
犀牛皮	每百觔稅四錢二分
蜂蜜糖	每百觔稅九錢
水牛角	每百觔稅弍錢五分
鹿角(嫩)	每對稅九錢
鹿角(老)	每對稅一兩三錢伍
犀牛角	每對稅弍兩
藍靛(乾)	每百觔稅一兩
藍靛(液)	每百觔稅一錢八分
墨	每百觔稅四兩
大菜膠(乾)	每百觔稅六錢伍分
象牙器具	每百觔稅一錢五分
神香	每百觔稅七錢
各種古字古畫古玩品	估來價值佰抽五
武彝茶	每百觔稅一錢八分
黑棗	每百觔稅一錢五分
紅棗	每百觔稅九分
絲色顏料(土產)	每百觔稅八錢
蛋白(乾)	每佰觔稅一兩伍錢
黃蔴	每百觔稅弍錢
紙品製之雨遮日遮	每百柄稅五錢
織品之帶類邊類	估來價值百抽五
漆器	每百觔稅一兩
燈心綿繩	每百觔稅六錢
紅色鉛質	每百觔稅叁錢伍分
白色鉛質	每百觔稅叁錢五分
黃色鉛質	每百觔稅三錢五分
製熟之皮類	每百觔稅四錢二分
皮製之銀包及器具	每百觔稅一兩五錢
綠皮	每百觔稅一兩八錢
騾皮驢皮	估來價值百抽五

蓮子	每百觔稅伍錢
蔴夏布半絲綿布(粗質)	每五十碼稅二錢
蔴夏布半絲綿布(幼質)	每五十碼稅五錢
甘草	每百觔稅一錢三分伍
龍眼	每百觔稅弍錢伍分
龍眼肉	每百觔稅三錢五分
荳蔻花	每百觔稅一兩
銕鑄品器類	估來價值百抽伍
印度樹皮	每百觔稅三分
田料肥料糞料	每百觔稅九錢
航海圖地理圖(非賣品)	免稅
古玩品之海圖地圖	估來價值佰抽五
雲石塊片	每百觔稅弍錢
各種蓆類	每佰塊稅二錢
地墊地蓆類	每四十碼稅弍錢
藥品用之酒	估來價值佰抽伍
鋼(鋼質)	每百觔稅弍錢五分
白鉄片	每佰觔稅一兩弍錢伍

荔枝	每百觔稅二錢
蓮花(乾)	每佰觔稅弍錢七分
瓜子	每百觔稅一錢
銅鑄品	每百觔稅一兩伍錢
銅板銅片(未鑄品)	每百觔稅一兩
黃銅釘黃銅片品	每百觔稅九錢
海南之銅鑛產品(政府協定)	免稅
日本產之銅	每百觔稅六錢
銕鑄品銕枝銕片類	每百觔稅一錢二分五
銕條	每百觔稅七分五厘
銕碑	每百觔稅一分
銕線類	每百觔稅弍錢五分
中國製之銕鑊銕盆	估來價值百抽五
銕釘	估來價值佰抽五
鉛條	每百觔稅弍錢五分
鉛片	每百觔稅伍錢伍分
水銀	每百觔稅弍兩
白鉛	(犯禁品)

僑旅錦囊　中國出入口貨稅　九四

錫薄　每百觔稅四錢
嗎啡及製品具(即鴉片)　估來價值佰抽五
嗎啡(即鴉片)及製器　(非醫藥用則不準)
紋蚌殼　每百觔稅弍錢
紋蚌殼製之器皿　每百觔稅一錢
香蕈白菌冬菇　每百觔稅一兩五錢
音樂絃索器皿類　估來價值百抽五
麝香　每百觔稅九錢
淡菜干蜆肉干　每百觔稅弍錢
土織品之布類　每百觔稅一兩五錢
中外報章書報新聞紙類　免稅
伍倍子　每百觔稅伍錢
土產鴉片(政府辦法)再由內地互運者
每百觔稅叁拾兩另加釐金餉八十兩
蛤蚌殼蠔殼　每百觔稅九分
綠色漆油　每百觔稅七錢伍分
各項貨類之辦樣(確非賣品)　免稅
仍限額載有另章

荳豉　每佰觔稅二兩伍錢
木油豆油茶油蔴油等　每百觔稅三錢
火油即火水　估來價值佰抽伍
油製之紙品　每百觔稅四錢五分
欖仁　每百觔稅叁錢
鹹欖製欖類　每百觔稅一錢八分
鴉片洋烟(政府辦法)　每百觔稅叁拾兩
另加釐金餉八十兩
熟製鴉片(政府辦法)　每百觔稅六十兩
另加釐金餉壹佰陸拾兩
土產鴉片(政府辦法)　四川雲南交界
每百觔稅二十兩
土產鴉片(政府辦法)　蒙自龍州交界
每百觔出口稅弍拾兩
黑色魚翅　每百觔稅五錢
上等魚翅　估來價值百抽五
白色魚翅　每百觔稅一兩五錢
沙魚皮　每百塊稅二兩

土蒸之酒	每百觔稅一錢五分	緞質布質皮質靴鞋	每佰對稅叁兩
檀香	每百觔稅四錢	草織質之鞋	每佰對稅一錢八分
檀香料所製之品物	每觔稅一錢	生絲(紡)	每百觔稅拾兩
蘇木	每百觔稅一錢	北京及四川之黃色絲	每百觔稅七兩
洋緞絲綢綾羅類	估來價值佰抽伍	生質之野絲	每佰觔稅三兩伍錢
海馬牙	每百觔稅二兩	絲頭之碎餘	每百觔稅一兩
海帶海菜紫菜類	每百觔稅一錢五分	絲之繭(即蠶繭)	每百觔稅叁兩
日本產俄國產之海帶類	每百觔稅一錢五分	上海洋子江之絲繭	每百觔稅一兩五錢
日本產俄國產之海帶類(下等)	每百觔稅一錢	北邊之野蠶繭	估來價值百抽五
芝蔴	每百觔稅一錢三分伍	絲繭之餘碎	估來價值百抽五
各省所產之絲絨類	每百觔稅十兩	絲繭之壳	估來價值佰抽五
絲線絲帶絲繩	每百觔稅拾兩	廣東產之絲絨類	每百觔稅四兩三錢
假金線織之絲絨品物	每百觔稅十八兩	狐皮(小)	每塊稅七分五釐
紡綢綿紗緞絹之綉賑品	每百觔稅十弍兩	陸地產之獺皮	每百塊稅弍兩
山東屬產之絲疋類	每百觔稅四兩五錢	貂鼠皮	每塊稅一錢伍分
絲織品之纓遂類	每百觔稅十兩	樹狸皮	每百塊稅弍兩
半絲半綿之織品	每百觔稅伍兩伍錢	海底產之獺皮	每塊稅壹兩伍錢
假銀線	每觔稅叁分	鬆鼠皮	每百塊稅伍錢

眞銀線	每百觔稅一兩三錢
金銀質之器皿首飾	每百觔稅十兩
鹿筋及水牛筋	每百觔稅伍錢五分
海猂之皮	每百塊稅伍兩
鹿皮及兎皮	每百塊稅伍錢
狐皮（大）	每塊稅一錢伍分
黃糖	每百觔稅一錢弍分
白糖	每百觔稅二錢
冰糖	每百觔稅弍錢五分
硫磺（另有政府專章）	每百觔稅弍錢
牛脂猪肪	每百觔稅二錢
菜質之脂肪	每百觔稅三錢
元茶青茶	每百觔稅一兩弍錢伍
茶磚	每百觔稅陸錢
茶葉之碎末	每百觔稅一兩弍錢伍
茶梗茶藍（即茶枝骨）	估來價值百抽五
茶餅（即印模之茶餅）	每百觔稅一兩弍錢五
未製之生茶	每百觔稅一兩
虎皮豹皮	每塊稅壹錢伍分
洋青（顏料）	每佰觔稅一兩五錢
土產之鼻烟	每百觔稅八錢
外國產之鼻烟	每百觔稅七兩弍錢
中國產品之梘（肥皂）	估來價值百抽五
豉油醬油之醃料液	每百觔稅四錢
柴魚及各類魚乾	每百觔稅五錢
草質之織邊	每百觔稅七錢
桅陣用之長條堅木	每肆十英尺稅肆兩
桅陣用之長條堅木	每六十英尺稅六兩
桅陣用之長條堅木六十英尺上每條稅拾兩	
桅陣用之長條松杉木	每四拾英尺稅二兩
桅陣用之長條松杉木（肆拾英尺上者）	每條稅肆兩五錢
桅陣用之長條松杉木每陸拾英尺稅陸兩五	
堅木（長二十六英尺厚活均一尺）	每條稅壹錢五分
其餘各式之堅木杉松木	估來價值佰抽五

製茶葉之用品器具	估來價值佰抽五
製茶箱之料品器具(內地運起者)免稅	
千里鏡照身鏡攝影鏡	估來價值百抽五
虎骨	每百觔稅一兩五錢伍
廣東土產之杉松木板(厚三英寸)	每一千平方尺量稅七錢
日本產之杉松木板(厚一英寸)	每一千平方尺量稅七錢
柚木板料	每一丁方英尺稅三分伍厘
火絨	每百觔稅三錢伍分
錫片薄	每百觔稅一兩弍錢五
烟草之葉	每百觔稅一錢五分
烟絲烟草葉(已製)	每百觔稅四錢伍分
玳瑁	每觔稅弍錢五分
玳瑁碎	每觔稅七分弍厘
玳瑁製之器皿	每觔稅二錢
皮製之槓箱	每百觔稅一兩五錢
姜黃	每百觔稅一錢
樟木松杉木板類	估來價值百抽五
堅木板(二十四英尺長壹英尺闊三英寸厚)	每百塊稅三兩伍錢
堅木板(十六尺長一英尺闊三英寸厚)	每百塊稅二兩
美國產之杉松木板(厚壹英寸)	每一千平方英尺量稅七錢
鹹蘿蔔片乾	每佰觔稅一錢八分
廣東產之蔴繩纜索	每百觔稅壹錢五分
蘇州產之蔴纜繩索	每百觔稅伍錢
普通用日遮雨遮	每柄稅三分五厘
生漆油類之液	每百觔稅五錢
龍門粉米粉及粉絲	每百觔稅壹錢八分
銀硃	每百觔稅二兩五錢
鐘錶類	估來價值百抽五
時辰錶	每對稅壹兩
上等時辰錶	每對稅四兩五錢
日本國產之臘	每百觔稅六錢五分

香木　每百觔稅四錢五分

紅木　每百觔稅一錢一分五

各類木具木器　每百觔稅一兩一錢五

羊毛　每百觔稅三錢五分

駱駝毛　估來價值百抽五

粗毡　每對稅弍分

斜紋絨(活三十一英寸)　每一華丈稅四分五

白臘蜂臘上等臘　每百觔稅一両五錢

各項藥酒類　估來價值佰抽五

黑檀木即烏木　每百觔稅壹錢伍分

英國羽紗(活三十一英寸)每一華丈稅伍分

假羽紗　每一華丈稅三分五厘

綿羊毛冷絨織品　每百觔稅三両

中國郵信來往傳遞期

北京來往直隸（禮拜日及禮拜四日加快火車）四十四點鐘
北京來往直隸（慢車）三日半
保定府來往直隸（加快額火車）三日
保定府來往直隸（慢車）四日。
天津來往直隸（快額火車）三十六點鐘
天津來往直隸（慢車）三日
張德府來往直隸（由北京）八日
太原府來往山西（道經北京）四日半
西安府來往山西（道經河南府）九日
涼州府來往甘肅（道經西安府）十六日
蘭州府來往甘肅（道經西安府）十九日
寧志府來往甘肅（道經西安府）廿四日
雲南府界屬（道經香港）十一日
蒙自來往雲南（道經香港）十日
騰越來往雲南（道經香港）二拾七日

繼定府來往河南（道經漢口）伍日半
靜州來往河南（道經漢口）五日半
河南府界屬（道經漢口）五日
靜安府來往山東（加快火車）二十七點鐘
靜安府來往山東（慢車）兩日半
烟台來往山東（輪船水程）四十肆點鐘
衛海威來往山東（輪船水程）四十四點鐘
膠州來往山東（輪船水程）六十二點鐘
程都來往四川（道經宜昌）十六日半
韶府來往四川（道經宜昌）十六日
重慶來往四川（道經宜昌）十四日
尹縣來往四川（道經宜昌）十一日
長沙來往湖南（道經漢口）五日
岳州來往湖南（道經漢口）五日
張德來往湖南（道經漢口）六日

桂陽來往貴州(道經湖北張德)十八日
梧州來往廣西(道經廣州)九日
隴州來往廣西(道經香港)十四日
桂林來往廣西(道經梧州)十一日
廣州來往廣東(內河)四日半
廣州來往廣東(正期輪船)三日半
汕頭來往廣東(輪船水程)三日
福州來往福建(輪船水程)二日
廈門來往福建(輪船水程)兩日半
南昌來往江西(道經九江)四日
景德鎮來往江西(道經九江)四日
太華府來往盛京(道經蘭州)肆十二日
太華府來往盛京(西伯利亞)三十日

漢口來往湖北(道經南京)三日
宜昌來往湖北(道經漢口)七日
貴州來往安徽(道經杭州)五日
安京來往安徽(道經杭州)三日
蕪湖來往安徽(道經杭州)二日
杭州來往浙江(火車路程)六日
寧波來往浙江(輪船水程)十三日
溫州來往浙江(由海南或寧波直至)一日半
奉天來往滿洲(由浦口快車)三日半
吉林來往滿洲(由浦口快車)四日
哈濱來往滿洲(由浦口快車)四日
牛莊來往滿洲(由打尼道經)三日
榆同來往西藏(西伯利亞)廿六日

中華民國郵政寄費

重量之別

十五格蘭姆	約重	(庫平)	四錢零弍厘
二十格蘭姆	約重	(庫平)	伍錢叁分陸厘
五十格蘭姆	約重	(庫平)	壹兩三錢肆分
一百格蘭姆	約重	(庫平)	二兩六錢捌分
五百格蘭姆	約重	(庫平)	十三兩肆錢
一千格蘭姆	約重	(庫平)	二十六兩八錢

普通郵件 信函類 中國境內 (子)

第一資(各局就地投送界內) 每重弍拾格蘭姆 一分 (卯)

第二資各局互寄(新疆及蒙古) 每重弍拾格蘭姆 三分 (卯)

外洋各國

第三資(郵會各國) 每重弍拾格蘭姆 一角起算 (丑)

六分遞加 (卯)

一零

僑旅錦囊 中外郵政

第四資（日本朝鮮關東日本租界）　每重十五格蘭姆　三分　（丑）（申）

第五資（香港 澳門 劉公島 青島 威海衛）　四分　（丑）（卯）

普通郵件明信片　中國境內　（子）

第一資（各局就地投送界內）　單　一分

（即附有回片者）雙　二分

第二資各局互寄（新疆及蒙古）　單　一分

（即附有回片者）雙　三分

外洋各國

第三資（郵會各國）　單　四分　（丑）

（即附有回片者）雙　八分　（丑）

第肆資（日本朝鮮）關東日本租界　單　一分半　（丑）

（即附有回片者）雙　叁分　（丑）

第伍資（香港 澳門 劉公島 青島 威海衛）　單　一分半　（丑）

雙（即附有回片者）叁分　（丑）

（青島）　單　一分　（丑）

（青島）　雙（即附有回片者）　二分　（丑）

普通郵件　新聞紙類　（午）　中國境內　（子）　（每束一張或數張　重以二千格蘭姆爲限）

第一資（各局就地投送界內）　每重一百格蘭姆　半分　（辰）

第二資（各局互寄）新疆及蒙古　每重伍拾格蘭姆　半分　（辰）

外洋各國

第三資（郵會各國）　每重伍拾格蘭姆　弍分　（寅）（辰）

第肆資（朝鮮日本）關東日本租界，（重至一千一百二十格蘭姆止）　每重七十五格蘭姆　半分　（寅）（申）

第五資（香港　澳門　劉公島　青島　威海衛）　每重五十格蘭姆　弍分　（寅）（辰）

普通郵件　書籍印刷物　貿易契券類　（午）　中國境內　（子）　（重由一百格蘭姆　至弍千格蘭姆爲限額）

第一資（各局就地投送界內）　每重一百格蘭姆　半分　（辰）

每重溢一百至二百五十格蘭姆　一分　（辰）

僑旅錦囊　中外郵政　一零四

每重逾二百五十至伍百格蘭姆　弍分（辰）
每重逾五百至一千格蘭姆　四分（辰）
每重逾一千至弍千格蘭姆　七分半（辰）

第二資（新疆及蒙古）各局互寄
每重一百格蘭姆　一分（辰）
每重一百至二百伍拾格蘭姆　二分半（辰）
每重二百伍拾格至伍百格蘭姆　伍分（辰）
每重伍百至一千格蘭姆　七分半（辰）
每重一千至弍千格蘭姆　一角五分（辰）

外洋各國

第三資（郵會各國）　每重五十格蘭姆　弍分（寅辰）
（惟貿易契劵每件由一格蘭姆至弍百五拾格蘭姆其費均以一角起算過此每重五拾格蘭姆即按二分遞加）

第四資（日本朝鮮）關東日本租界　每重一百一十弍格蘭姆　二分（寅申）
（重至一千一佰弍拾格蘭姆止）

第五資（香港澳門）劉公島青島（威海衛）　每重伍拾格蘭姆　二分（寅辰）

(惟貿易契券每件由一格蘭姆至弍百五拾格蘭姆其費均以一角起算過
此每重五拾格蘭姆即按二分遞加)

普通郵件各類傳單(午) 中國境內 (子)

第一資(各局就地投送界內) 每百張或百張以內 一角

第二資(新疆及蒙古)各局互寄 每百張或百張以內 一角

(另按第二資加納印刷物類之寄費)

(重由一百格蘭姆至三百五十格蘭姆爲限)

普通郵件貨樣類 (午) 中國境內 (子)

第一資(各局就地投送界內) 每重一百格蘭姆 一分 (己)

每重逾一百至弍佰五十格蘭姆 二分 (己)

每重逾二百伍拾至三百伍拾格蘭姆 四分 (己)

第二資(各局互寄)新疆及蒙古 每重一百格蘭姆 二分 (己)

每重逾一百至弍佰五拾格蘭姆 伍分 (己)

每重逾二百伍十至三百五十格蘭姆 一角 (己)

外洋各國

第三資(郵會各國) 每重五十格蘭姆 二分 (寅)(己)

僑旅錦囊　中外郵政　　一零六

（每件由一格蘭姆至二百格蘭姆其費均以四分起算過此每重五拾格蘭姆即按二分遞加）

第四資（日本朝鮮）關東日本租界　每重一百二拾弍格蘭姆　弍分　（寅）（已）

（限重至三百七十五格蘭姆爲止）

第五資（香港　劉公島　威海衛
　　　　澳門　青島）　每重伍拾格蘭姆　弍分　（寅）（已）

（每件由一格蘭姆至一百格蘭姆其費均以肆分起算過此每重五十格蘭姆即按弍分遞加）

▲掛號郵件▼　（子）　（各項普通郵件均可掛號但於普通資費外須另加掛號費即是）

中國境內　（子）

第一資（各局就地投送界內）
單（祗給郵局收件執據）　伍分
雙（幷掣取收件人回執）　一角

第二資（新疆及蒙古）各局互寄
單（祗給郵局收件執據）　伍分
雙（幷掣取收件人回執）　一角

外洋各國

第三資郵會各國
單（祗給郵局收件執據）　一角
雙（幷掣取收件人回執）　二角

第四資(日本朝鮮)關東日本租界
單(祇給郵局收件執據) 七分
雙(并掣取收件人回執) 一角

第五資(香港 劉公島 威海衛 澳門 青島)
單(祇給郵局收件執據) 一角
雙(并掣取收件人回執) 弍角

▲快遞郵件▼ (子) 中國境內

第一資(各局就地投送界內) 每件除普通資費外 另加 一角

第二資(各局互寄)新疆及蒙古 每件除普通資費外 另加 一角

外洋各國

第三資(郵會各國) 每件除普通資費外 另加 一角弍分

第四資(日本朝鮮)關東日本租界 每件除普通資費外 另加 一角二分

▲保險信函▼ (子) 中國境內

(子)(除按重量照納信函類之資費及加納掛號費五分并如欲收取回執費五分外再付回執費)

第一資(各局就地投送界內) 所保値價每圓或一圓以內 一分
(惟由一員以內至十員其費均以一角起算過此每員即按壹分遞加)

第二資(各局互寄)新疆及蒙古 所保値價每員或壹員以內 壹分
(惟由一員以內至十員其費均以一角起算過此每員即按一分遞加)

▲滙兌▼　中國境內（子）

第一資（各局就地投送界內）　每員或一員以內

第二資（各局互寄）新疆及蒙古　每員或一員以內

（滙費多寡不等可向發票局詢問惟每張滙票其費均以五分起算）

▲包裹類▼（子）　中國境內（子）

（互寄各局之包裹係按路途分別收取一二三五六倍單純費詳見下列說略中國境內第弍資項下第十節）

第一資（各局就地投送界內）◉（重五千格蘭姆（未）一角
逾伍千至一萬格蘭姆（未）弍角

第二資（各局互寄）新疆及蒙古　◉每重一千格蘭姆（未）
（每單純費起碼弍角遞加一角）

外洋各國

除按各國尋費交納外另加以下說內外洋各國項下之所言資費

（除按下列說畧內之中國境內第二資項下第十節分別路途照納第二資一二三伍六倍單純費外另加第四資之資費即是）

第四資(日本朝鮮)關東日本租界(重由七百伍十至伍千六百二十五蘭姆爲限)

重七百五十格蘭姆　三角

逾重七百伍十至一千伍百格蘭姆　三角伍分

逾重一千五百至二千二百五拾格蘭姆　四角

逾重二千二百五拾至三千三百七拾五格蘭姆　五角

逾重叁千叁百七拾五至四千五百格蘭姆　六角

逾四千伍百至五千六百二拾五格蘭姆　七角

(除納中國境內第二資外)　重至四千九百五拾格蘭姆爲限

香港　劉公島　(威海衛)　青島　每包　壹角

(除納中國境內第二資外)　重由一千叁百五拾至四千九百五拾格蘭姆爲限

澳門

重一千叁百伍拾格蘭姆　叁角

重逾一千叁百五拾至叁千壹百五拾格蘭姆　五角八分

重逾叁千一百五拾至肆千九百伍十格蘭姆　八角伍分

【釋明】

(子)必須納足郵費方可照寄

(丑)若不掛號其郵費納足與否可聽其便如不納足於投遞時向收件人按照欠費辦法加倍索取

(寅)雖非定須貼足郵票然亦須貼有郵票否則概不收寄

(卯)重以伍千格蘭姆爲限

(辰)長寬厚各不得逾肆十伍桑的邁當如係成捲其徑如不逾十桑的邁當其長可至七十伍桑的邁當

(巳)長不得逾三十桑的邁當寬不得逾二十桑的邁當厚不得逾十桑的邁當如係成捲其徑不逾十伍桑的邁當其長可至三十桑的邁當

(午)如封裝嚴密未易查看者須照信函類納費

(未)長寬厚各不得逾一百桑的邁當如係成捲按其長度及橫周計之不得逾一百八十桑的邁當重不得逾一萬格蘭姆倘往來輪船火車未通之處長寬厚各不得逾三十桑的邁當重不得逾伍千格蘭姆

(申)長不得逾三十九桑的邁當寬不得逾二十六桑的邁當厚不得逾十五桑的邁當

按章內所註尺寸重量均按萬國郵會定制核算每三十桑的邁當合英一尺每五百格蘭姆約英一磅

◉重不及格蘭姆額定之數者亦應照額定之數計算

〔說畧〕

(一)中國境內

第一資　凡交寄各項郵件包裹係在各局就地投送界內投送者應按第一資依類納費

第二資　除蒙古新疆西藏等省外凡在中國境內各局互相寄遞之各項郵件及包裹應按第二資依類納費茲將詳細辦法列左

一蒙古　往來蒙古以及在蒙古本界內往來之郵資列後

(甲)各項郵件在蒙古界內往來寄遞者應按第二資加倍納費其單掛號費係銀五分雙掛號費係銀一角

(乙)往來蒙古之郵件僅有信函及明信片以及新聞紙係取道張家口由蒙班郵班轉遞凡由此路轉遞之信函每重二拾格蘭姆應按第二資三倍納費續加之每二拾格蘭姆係按第二資外加倍納費明信片一項單者係納費四分雙者八分新聞紙一項係按第二資三倍納費其單掛號費係銀一角雙掛號費係銀二角

(丙)往來蒙古之書籍刷印物貿易契券及貨樣等取道張家口轉寄者係由按月之重班郵班寄送其重在一基羅以內者應按每弍百五十格蘭姆納費三角過此應收之資例及應守之各項即與包裹相同參看以下第十節乙段第七目及第十節丙段第四目其單掛號費係銀一角雙掛號費係銀二角

(丁)往來蒙古之各類郵件由西比利亞寄遞者應按第三資納費

二新疆　往來新疆以及新疆省內往來之郵資列後

(甲)各類郵件在新疆省內往來寄遞者應按第二資加倍納費其單掛號費係銀五分雙掛號費係銀一角

僑旅錦囊　中外郵政　　百一弍

(乙)往來新疆之信函由甘肅轉遞者每重二拾格蘭姆應按第二資三倍納費續加之每二拾格蘭姆係按第二資加倍納費其單掛號費係銀一角雙掛號費係銀二角

(丙)往來新疆省之明信片取道甘肅省轉寄者單明信片納費四分雙明信片納費八分其單掛號費係銀一角雙掛號費係銀二角

(丁)往來新疆之新聞紙由甘肅轉遞者應按第二資二倍納費其單掛號費係銀一角雙掛號費係銀二角

(戊)往來新疆省之書籍刷印物貿易契券及貨樣而取道甘肅省轉寄者如其重量在一基羅以內應按每弍百五十格蘭姆納費三角過此應收之資例及應守之各項即與包裹相同參看以下第十節乙段第九目及第十節丙段第四目其單掛號費係銀一角雙掛號費係銀二角

(巳)往來新疆之各類郵件由西比利亞轉寄者應按第三資納費

三西藏　凡普通及掛號各項郵件往來西藏各處者均按第三資納費

肆資費未預付足之郵件　國內寄件均須以中國郵票貼足郵費否則於交局時概不收寄如遇投於信箱之內亦恐因資費不足難免稽延所有資費未預付足之郵件均由郵局黏貼欠資票以表明應行補索之數倘收件人不欲補交即爲不欲領收該件之證據

五內地投遞　各項郵件寄往內地未設郵局處所或郵局未設投遞辦法之處所則須轉由民局投遞者其花費及責成均由收件人或寄件人承擔

陸各類傳單　凡係用單張紙印成之傳單無論印在一面或兩面亦無論或疊或否如其文字

每張皆同并非用筆書寫且未經加封亦未有收件人姓名住址者卽可按照各類傳單納費由郵局代爲分送倘刷印之貨色價目册重量極輕每册不逾三十格蘭姆者亦可仿照寄遞傳單之法辦理

七快遞　快遞郵件寄交設有快遞局之各處者（卽係郵政章程所附通郵處所編內標有丁字之各處）可任便向各郵局交寄其國內快遞資費係括有單掛號費在內附照附外應加納普通郵資均用郵票黏貼

八保險信函　往來中國境內之信函得在設有兼辦保險信之局所按保險之法寄遞惟須除保險費外加納掛號費及普通郵資且須向郵局購取特製之封筒裝此項封筒計分三種卽係大號者售價三分中號者售價弍分小號者售價一分

玖滙票　滙票辦法計分三項一係特類滙兌局所往來互滙者每張可滙至弍百員惟每人每日滙往同一取銀人至多以六佰員爲限（二）係甲類滙兌局所往來互滙或甲類與特類互滙者每張可滙至一百員惟每人每日滙往同一取銀人至多以叁百員爲限（二）係乙類滙兌局所往來互滙或乙類與特類及甲類互滙者每張可滙至伍十員惟每人每日滙往同一取取銀人至多以一百員爲限凡辦理滙票各局所詳見郵政章程後附通郵處所編內標有乙（一）字樣及乙字丙字各處其應付滙費之資例可向辦理滙票事務之郵局詢問

拾包裹　往來中國境內之包裹係按左列之路途分別收取一單純費二單純費伍單純費或六單純費

（甲）包裹除寄往及發自暨往來甘肅陝西四川雲南貴州蒙古新疆省內各郵局外均按左列

之資例收費

一凡包裹往來均爲汽機所通各地方并用汽機運送者均付一單純費

二凡包裹在交寄之本省以內運寄或寄往毗連之省無論用汽機或人力運送者亦均付一單純費

三凡包裹寄往之省不與交寄之本省毗連其運寄無論全用人力或間用人力者均付兩單純費

(乙)包裹寄往及發自暨往來甘肅陝西四川雲南(經由法屬安南不在此列)貴州蒙古新疆省內各郵局者均按左列之資例收費

一凡包裹寄往四川汽機所通之地方無論由汽機所通之何處發寄而兩路均用汽機運送者均付兩單純費

二凡包裹由四川汽機所通各處之地方發往其他汽機所通之地方而全路均用汽機運送者均付一單純費

三凡包裹在四川甘肅陝西雲南貴州省內交寄而運送投遞仍不出交寄本省均付一單純費

肆凡包裹由四川省內汽機未通各處或由甘肅陝西雲南(經過法屬安南不在此列)貴州省內所有各處與該原寄省毗連之各省往來者均付兩單純費

五凡包裹由四川省內汽機未通各處或由甘肅陝西雲南(經過法屬安南不在此列)貴州省內所有各處與原寄省非屬毗連之各省往來者均付三單純費

六凡包裹在蒙古交寄而運送投遞仍不出蒙古者均付兩單純費
七凡包裹由蒙古與其他各省往來者(惟往來雲南省經過法屬安南者不在此列)均付六單純費
附註　包裹寄往之各處越於庫倫者應加收一單純費由收件人照付
八凡包裹在新疆省內交寄運送投遞仍不出該省者均付兩單純費
九凡包裹由新疆省與其他各省內各處往來者（經由法屬安南轉寄之雲南省內各處不在此列）均付六單純費
附註　包裹寄往之各處越於迪化府者應加收一單純費由收件人照付
(丙)包裹往來雲南省內各處取道英屬香港及法屬安南者均按左列之資例收費
一凡包裹在雲南省內汽機所通之處以其他各省內汽機所通之各處(除去四川)互相往來者及四川省內汽機所通之處寄往雲南省內汽機所通之處者其資費之數如左

每重至一千格蘭姆　七角　逾三千至五千格蘭姆　一員二角
逾一千至二千格蘭姆　八角五分　逾五千至七千格蘭姆　一員七角
逾二千至三千格蘭姆　一員零五分　逾七千至一萬格蘭姆　一員九角

二凡包裹由雲南省內汽機所通之處寄往四川省內汽機所通之處及雲南省內汽機未通之處與四川甘肅陝西貴州以外之各省內汽機未通之處往來者除付第一節規定之特費外應另加一單純費
三凡包裹由雲南省內汽機未通之處與四川甘肅陝西貴州等省內汽機未通之處往來

四凡包裹由雲南省與蒙古或新疆省往來者除付第一節規定之特費外應另加五單純費

(丁)凡往來國內經由香港轉寄之包裹除丙條所言者不計外應按每重五百格蘭姆另加資費二費

附註　凡寄國內各處如加付資費伍分均可索取回執惟蒙古及新疆則須加費一角

十一保險包裹　國內包裹均可在限定之局所保險其國內保險費除往來四川省內各局係按每員或其零數收取二分至少以一角起算外其餘均按每員或其零數收取半分至少伍分起算所有包裹裝有金銀珠寶等器者均須保險凡保險之數至多以伍百元為限惟往來四川省者至多以伍十員為限此項包裹祇可向輪船鐵路所通指定之郵局寄送(即係郵政章程後附通郵處所編內標有甲字之各局)

十二代物主收價之包裹　包裹請收物價者祇可由辦理保險包裹之各局往來寄遞其應納之費係按應收之物價值百抽二

(二)外洋各國(關於重量尺寸應守各該國之規定)

(一)第三資　凡各項郵件往來外洋郵會各國者應按第叁資依類納費

(二)第四資　凡往來日本朝鮮及關東日本租界之各項郵件應按第四資依類納費如寄麗產籽種每重在一佰一十二格蘭姆或一佰一十二格蘭姆以內者納費一分惟重至一千一百式十格蘭姆為止

(三)第五資　凡各項郵件往來香港澳門青島及劉公島(威海衛)者應按第五資依類納費惟由廣州寄往香港之信函及由廣州前山兩處與澳門往來之信函每重十五格蘭姆或其零數納費弍分

往來外洋各國之各項郵件如已分別按照上列之第叁第四第五資納費卽可在國內設有郵局之處所往來寄遞惟各種刷印物卽如新聞紙書籍及他項刷印品之類除發自香港及日本者不計外如由外洋各國寄交汽機未通處所每件應向收件人收取資費二分其發自香港及日本者應按第二資加收資費

(肆)資費未預付足之郵件　外洋寄到之郵件其資費未經付足者雖可向投遞處所照寄惟須按照第叁資不足之數向收件人加倍索取如係重班郵件幷應分別按件加納資費均由中國郵局用欠資票黏貼封面表明應索之數倘收件人不欲補交卽為不欲領收該件之證據

(五)寄往外洋各國之快遞郵件　此項郵件祇能向限定之各國發寄所有各該國之名稱備有清單可在辦理國內快遞事務各局閱看再此項郵件必係掛號郵局方能給予收據

(六)寄往外洋各國之包裹

(一)寄往國外之包裹如在聯郵包裹互寄局(卽郵政章程後附通郵處所編內標有庚字之各局)　交寄者應按國外包裹寄費專章付費

(二)寄往國外之包裹如在不屬庚字之各局交寄者附按專章付費外幷應分別按原寄處所與屬於庚字之最近局所往來應納之一二三五六單純費加收國內郵資(參看中國境內項下第二資所列第十節)

(三)國外之包裹寄交不屬庚字之各局者其國內郵費係按原寄處所與屬於庚字之最近局所往來應納之資例向收件人收取

(肆)國外之包裹均可索取收包回執此項應加之資費除寄日本朝鮮及關東租界之包裹係三分外其餘均係一角惟包裹寄往英國或須寄由英京轉運者若非保險不能索取回執

(三)購取郵票所用之銀錢

足色通行之銀圓每圓可購郵票百分如成色較低或不通行之銀圓及輔助幣應照足色通行銀圓補水隨時由該管理局核定

(四)禁寄各品

凡鴉片嗎啡高根食鹽銅員銀幣暨易於污損他件者或具有轟爆發火之性質者以及鎗川器械一切有干例禁者(及有生命之牲口物)概不准交局寄遞其應稅貨品及金銀珠寶器不得封入信函內附寄但可查照上列包裹類之辦法辦理

私信犯例

搭客行旅所帶之書信。而未貼有郵票。且其信套外已寫明埠址街道門牌。而由郵局可以直接投交者。兼信套之口亦已封固。如被員役查出。作足據之私信論。可被控案究罰。

員役搜查帶信。間有封口者。若非由帶信之人親手啓拆。而員役亦無權代拆。惟可扣留原信及携帶之人控案候罰。有違例擅拆他人書信。致被原告控訴者。個人自負其咎。

凡發信之人。於信套外。須寫明白其受信人之國界埠名。地方街巷。門牌住址。及姓名等。否則郵差無從投遞。郵局不負妥交之責。

凡發信人於信封之外。最善加寫明其發信者之住址。縱遇有受信人之住址搬遷。或無從投遞者。郵局可將原信按址退回發信之人。又如發信者之住址。未寫妥當。則郵差無從按址退回。惟有貯局招人承認耳。

凡付郵之信件。不得夾入銀幣。及貴重物件等。如有失漏。郵局不負賠償之責。

凡投郵之信函包物件。遇船上忽發生意外之虞。以致遺失者。郵局惟有盡力追查。果不幸而踪跡渺茫。則各安天命。郵局不負賠償之責。唯有將所失實在情形佈告衆知而已。至所付郵寄之件。如已購有保險者。則不在此列。儘可按照郵件保險章程。遵章賠償。

凡書信雖已貼足郵票。惟未經有印蓋上。及註明付信之日期。一律仍可作私信論罰。有用已貼過之郵票。或將已取銷之郵票復貼用者。可連人及信扣留。澈底追究。致干重罰。

在中國之英屬各郵政支局所郵章

包頭物件。不得內有危險品。牲虫類等。如是珍寶貴重物。亦須先聲明。查有犯禁品者。嚴究。寄去中國之英屬及香港或澳門等。每半安士重額。收費四仙。寄去別屬。半安士十仙。逾額每半安士。六仙計。

郵址	書信每封額重		書信逾額加價	明信片	書籍報紙印刷品類	
香港九龍及新界	一安額	弍仙	照加每安弍仙	壹仙	弍安	弍仙
廣州城及澳門	半安額	弍仙	照加每安弍仙	壹仙	弍安	弍仙
除省澳之中國內地各埠	一安額	肆仙	照加每安肆仙	壹仙	弍安	弍仙
英國管領之屬土等	一安額	肆仙	照加每安肆仙	肆仙	弍安	弍仙
外洋各國之埠等	一安額	拾仙	照加每安陸仙	肆仙	弍安	弍仙
由香港寄去海參威	一安額	二仙	照加每安二仙	一仙	二安	二仙
香港寄英屬各代理郵處	廿忌林額	二仙	照加每廿忌林二仙	一仙	二安	二仙
海參威寄英屬各處	一安額	四仙	照加每安四仙	一仙	二安	二仙
別屬郵局寄中國之英郵局	廿忌林額	四仙	照加每廿忌林四仙	一仙	二安	弍仙
上海寧波界屬	廿忌林額	三仙	照加每廿忌林三仙	一仙	弍安	二仙

由海參威寄去中國各屬埠	一安額	肆仙	照加每安	肆仙	壹仙	弍安	弍仙
由廣州之英屬郵局寄港	半安額	弍仙	照加每半安	弍仙	壹仙	弍安	弍仙
由海參威寄去香港島	一安額	肆仙	照加每安	肆仙	壹仙	弍安	弍仙
由別屬郵局寄去香港島	廿忌林額	肆仙	照加廿忌林	肆仙	一仙	弍安	弍仙
由廣州之英屬郵局寄澳門	半安額	弍仙	照加每半安	二仙	仙半	弍安	弍仙
由英國屬分郵局寄去澳門	廿忌林額	肆仙	照加每廿忌林	肆仙	仙半	二安	二仙
由海參威寄去埃及國及英領土	一安額	四仙	照加每安	四仙	肆仙	二安	二仙
由別屬郵局去埃及國及英領土	廿忌林額	拾仙	照加每廿忌林	陸仙	肆仙	二安	二仙
由海參威寄去外國埠等	一安額	拾仙	照加每安	陸仙	肆仙	二安	弍仙
由英屬各代理郵政處寄去外國	廿忌林額	拾仙	照加每廿忌林	陸仙	肆仙	弍安	二仙

無論付寄書信包件等物。一律按照預收。乃代投送。違者罰該受信人補償。

香港新章嗣後由香港寄明信片往外埠者。原一仙之價。今起作一仙半計。

英章十六箇(安士)爲壹磅重。卽華量十二兩重者。推算之。每一(安士)重。卽華量七錢半重。

特別(隨回音)之明信片。槪與普通用者同。惟形式則兩片相聯。受信者將其餘片。隨時回音。售價則倍値。

(壬)普通郵票之價目。共分拾伍種。壹仙。二仙。肆仙。陸仙。捌仙。拾仙。弍毫。二毫五。叁毫。五毫。一員。二員。三員。五員。十員。是也。

(癸)普通明信片之價目。共分兩種。壹仙及肆仙是也。

(甲)普通包頭封面紙。每張價二仙。

(乙)普通(刻有凸紋印者)郵套。長約五寸或肆寸餘。濶約肆寸或三寸餘。每箇售價肆仙算。向總局處購買。以五箇爲一札。計値銀二毫。唯買時每紮須加費壹仙。(不設零售)以補給凸紋印之雕費。用此普通郵套。以寄書函。寄時無再需購貼郵票。

(丙)保家(即担保)郵套。種式畧大小不同。壹律每箇售價壹毫壹仙。套外之邊圍。刻有凸紋印。印爲(壹毫)之價兩字。

(丁)普通所用之郵票。有釘爲册者。册內容載肆仙之郵票凡十六枚。弍仙之郵票凡十弍枚。一仙之郵票凡十弍枚。共肆十枚每册售價銀壹員。

匯兌郵票(銀員辦法)

匯兌拾員以內之郵寄。均可妥遞交與該受者。唯其寄匯者及受匯者。須在英國管屬領土。或英屬在中國已設之各代理分郵局處範圍之內。乃能有効辦理。匯兌之期。限由匯寄之日起。凡六閱月內。均可向該香港郵政總局。或各處之代理英屬分郵局處。憑據隨時收兌。逾期則無効。失據者是爲自悞。茲將匯兌之銀數。及郵匯之費。錄如後開。

匯兌二毫五者。收匯費一仙。　匯兌五毫者。收匯費一仙。　匯兌壹員者。收匯費一仙。

匯兌弍員者。收匯費弍仙。　匯兌叁員者。收匯費叁仙。　匯兌肆員者。收匯費肆仙。

匯兌五員者。收匯費五仙。　匯兌拾員者。收匯費拾仙。

滙兌郵票（英國之金銀辦法）

滙兌英金銀二十箇士令以內之郵寄。可與香港郵政總局商滙。或在中國各處之代理英屬郵政分局。及英國領土等郵政局亦可。辦理畧與銀員辦法同。所收之郵滙費。照章計算。而滙兌之期。由滙寄之日起。限於三閱月內。隨時均可向以上所述之郵局處。憑據支給。玆將滙兌（英金銀）之數。畧如後開。

價值在六箇邊士者。　價值在一箇士令者。

價值在一箇士令零六箇邊士者。　價值在兩箇士令零六箇邊士者。

價值在五箇士令者。　價值在十箇士令者。

價值在十箇士令零六箇邊士者。　價值在二十箇士令者。

按每箇士令。約華銀五毫之譜。（仍須按照市價行情）而十二箇邊士。卽成一士令之價值。

郵附包頭物件辦法（祇準附往英國屬土而言）

（子）在三磅重內者。郵費六毫。　（丑）在七磅重內者。郵費一員二毫。

（寅）在十一磅重內者。郵費一員八毫。　按英國之一磅重。合卽華量十二兩也。

郵附包頭物件往外國者。鄰邦者。另刻有專章。價目微有不同。

經買或未買保險（卽燕梳）之包頭物件。寄物者聲明欲托郵政代收物之價值銀數。如該受物之人不允先交出該價值銀數。該物仍由郵局退回與寄物者。但所有來往之費。仍歸寄物之人備足。辦法及郵費之價目另有專章。

厘印定章（即印花稅）

契劵憑證書據等。征印費一員。供詞誓章等。征印費三員。證書等。征印費叁員。合同合約等。征印費一員。貨倉牌照。征印費。（每一員者）一毫算。照例推計。

按揭物業之章據。征印費（每百員者）五毫算。餘則類推。股份合同合約之證書。征印費二十五員。保證書担保單。征印費三十員。

控告欠款在五百員之內者。或不及一千員之外者。征印費二員。如逾一千員外者。每件員征印費一員。餘則照加。合約權理人之承理律師書等。征印費一百五十員。

無定值之利權手續。及不限值之產業等。征印費六員。普通貨脚儎紙。值逾叁員以上者。每件征印費叁毫計。提貨單。值逾叁員以外者。征印費二毫計。

銀行所發之銀單據。征印費五仙計。銀行所發之銀項交易單據。年計每百員征印費一員計。

按揭貨項等之據約。每百員征印費一毫計。經紀買賣所訂立之定貨紙。征印費一員。貨船合約證據。征印費每百員一毫計（副套每册五員）

滙兌之普通單據。數由一員至二百五十員者。征印費五仙。數由二百五十員至伍百員者。征印費一毫。數由五百員至一千員者。征印費二毫。數由一千員至二千員者。征印費五毫。數由二千員至叁千員者。征印費一員。數由叁千員至伍千員者。征印費一員伍毫。數由伍千員至一萬員者。征印費二員。數由一萬員至一萬伍千員者。征印費叁員。餘亘額之數者。 每加伍千員。征印稅五十員計。

船主與船件所立之合約。及簽允薪金之據約。或工期合同。又燕梳(保險)之買賣手續普通單約等。準予免征印費。

單據合約劵書等。凡屬關與英領土事務範圍者。儘可免征印費。毋論何籍國民所訂簽之契劵書等。其非關英國政務範圍者。或不在厘印定例之條規者。須得政務司署及政務員之允許。乃可準予免征印費。否則有被查出者重究不貸。

香港郵政

國家郵政總局。在中環德輔道。除禮拜(星期假)日外。餘均每日開門。自晨七點鐘至晚六點鐘止。開門辦公時間。任人購買郵票。總局內分部辦事。時間亦畧異。

(一)惟保家部(担保)書信事務處。及包頭物件事務處。祗由晨七點鐘起手辦公。至下午五點鐘止。

(二)滙單局由晨十點鐘起。至下午四點鐘止。唯逢禮拜六日。至下午一句鐘止。則停辦公務。

(三)逢禮拜假日及國家慶日。各部各處。僅由晨八點至九點鐘。爲辦公之時刻。逾期則閉門漸停收寄。唯滙單局一處。則全日停止辦公。

各段郵政分局(宮)一在灣仔之皇后大道東。近灣仔潔淨分局側。

(商)一在上環之摩利臣街。近上環新街市左右。

(角)一在西營盤之柏步林道。近西營盤警察分區之後。
(徵)一在對海之九龍(尖沙咀)。近尖沙咀輪船碼頭。
(羽)一在對海油麻地之利打碌街。近油麻地水務局側。

中國之上海。亦有大英國家之郵政局設立。其餘各內埠處。不過設立(代理英國郵務分所)之名目耳。

(一)一在衛海威。即(海參衛)　(二)一在汕頭。　(三)一在海口。　(四)一在廈門。
(五)一在廣州城。　(六)一在福州。　(七)一在芝罘。　(八)一在寧波。
(九)一在漢口。　(十)一在天津。

私家郵信箱。分優等次等兩式。箱存在香港郵政總局內。毋論商行居民等。均可與之商賃。優等箱。其式略大且便捷。每年賃費二十員。次等箱式略小。每年賃費十員。如按月租賃。優等者每月二員。次等者每月壹員。各等信箱均配有鎖及匙。總局將該已編號信箱之匙。交與賃者執存。任其隨時自行開取屬渠所收之信件。唯取鎖匙。須存下按金二員。迨至賃完。將匙交還總局。可將按金交還賃主。信箱之多。數逾千號。設爲無定址住之居民。及自隱姓名之收信者而用。此可免投送輾揩失漏。其如船員及行商職業者。得私家信箱。最稱利便。

保家(即担保)之信

由郵寄之書信。欲加意妥愼者。其除照章應貼之通用郵票外。須加貼保家郵票費。普通價約銀壹毫。并給回收據與寄信者執存。以憑追究。果該信套面。曾寫明寄信者之妥當住址。遇有受信者之住址他遷。或意外情事。致不能將信投遞者。當由郵差按寄者之住址。將原信退同。

▲電文▼

香港之國家郵政總局。局內設有電文事務所。代各客發(無線)電文與各船艦中。途經(德忌笠)海口之站者。辦公之時刻。及辦公之處所。畧如後述。

(一)其除星期假日外。每日均自晨九點至晚五點鐘止。則在總局內之大堂辦事。

(二)其除星期假日外。每日自晨七點至晨九點鐘止。則在總局內四樓拾陸號房之電文所。

(三)其除星期假日外。每日自下午伍點至夜拾點鐘止。則在總局內肆樓拾陸號房之電文所

(四)逢星期日及各國慶日公衆放假日。每晨七點至九點鐘止。則在總局內肆樓拾陸號房之電文所。

(五)逢星期日及國慶公衆放假日。每日下午伍點至夜拾點鐘止。則在總局內肆樓拾陸號房之電文所。

▲發電之費▼

發往歐洲各國(道經蘇彝士河)者。每字壹員九毫算。

往美國者。每字由三員肆毫起。至弍員六毫半算。

往加拿大者。每字由二員伍毫半起。至二員七毫算

往奥士多利亞者。每字一員三毫半算。

往印度者。每字捌毫半算。

往紐絲蘭者。每字一員五毫半算。

往波斯(緬甸)。者每字捌毫半算。

僑旅錦囊　中外郵政　百二八

往西冷者。每字捌毫半算。
往古巴者。衣羅者。杜布律者。每字五毫半算。
往上海者。每字一毫八仙算。
往澳門者。每字九仙算。
往北京者。每字三毫六仙算。

往呂宋非獵濱者。每字三毫半算。
往東京者。每字捌毫半算。
往日本朝鮮者。每字八毫算。
往廣州者。每字九仙算。

廣州電報商局至各處報費價目單（用洋文者加倍）

虎門（一角）　黃浦（一角）　佛山（五分）　西門（五分）　香港（一角）
英德（一角）　南昌（一角二）　韶州（一角）　南雄（一角）　贛州（一角二）
吉安（一角二）　肇慶（伍分）　德慶（一角）　梧州（一角）　白馬（一角）
昭平（一角一）　桂林（一角二）　潯州（一角一）　橫州（一角一）　南寧（一角二）
龍州（一角三）　憑祥（一角肆）　百色（一角五）　剝隘（一角伍）　廣南（一角五）
鐙耗（壹角九）　廉州（壹角伍）　欽州（一角六）　防城（壹角七）　東興（壹角七）
北海（壹角伍）　岓步（壹角六）　高州（一角六）　雷州（一角六）　徐聞（一角六）
瓊州（一角六）　海口（一角六）　新塘（五分）　惠州（一角）　海豐（一角一）
潮州（一角一）　汕頭（一角一）　廈門（一角二）　泉州（一角二）　漳州（一角二）
福州（一角三）　水部（一角三）（即福州城）　馬尾（一角三）　台北府（一角六）
州岩（一角二）（即斜波）　滬尾（一角六）（即淡水）　基隆（一角八）
彰化（一角八）（即中路）　台南府（一角八）　嘉義（一角八）　新竹（一角柒）
安平（一角八）　旂後（一角八）（即打狗）　台灣（一角八）　延平（一角三）
澎湖（二角）（即媽宮）　建寧（一角肆）　浦城（一角五）　蘭谿（一角六）
紹興（一角柒）　餘姚（一角柒）　甯波（一角八）　鎮海（一角八）　杭州（一角柒）
嘉興（一角柒）　南潯（一角柒）　蘇州（一角八）　上海（一角九）　吳淞（一角九）

僑旅錦囊　中外電報

淞炮台(壹角九)　無錫(壹角八)　江陰(一角捌)　鎮江(壹角捌)　下關(壹角捌)
江甯(壹角捌)(卽南京)　徐州(弍角一)　蕪湖(一角九)　大通(一角九)
殷家滙(壹角九)　安慶(一角九)　九江(二角)　漢口(二角一)　沙市(弍角弍)
武昌(弍角一)(卽湖北)　荆州(弍角弍)　襄陽(二角三)　荆州(二角三)
安陸(二角肆)　宜昌(二角三)　巴東(二角三)　夔州(二角四)　萬縣(二角四)
重慶(二角伍)　瀘州(二角六)　成都(弍角七)　畢節(二角七)　資州(弍角柒)
貴陽(二角八)　宣威(二角八)　雲南(二角九)　蒙自(三角)　開化(叁角)
河口(叁角)(卽保勝對河)　大理(叁角一)　騰越(叁角六)　揚州(弍角)
淸江浦(弍角一)　台兒莊(弍角一)　濟甯(弍角弍)　開封(弍角叁)　濟南(弍角弍)
周村(弍角弍)　濰縣(弍角弍)　沙河(弍角弍)　膠州(弍角叁)　威海(二角三)
烟台(二角三)(卽之罘)　劉公島(二角三)　德州(弍角弍)　高村(弍角叁)
曹縣(二角肆)　阿城(二角弍)　天津(二角三)(卽紫竹林)　泊頭(弍角三)
保定(二角四)　獲鹿(二角伍)　太原(二角六)　平遙(弍角柒)　侯馬(二角八)
潼關(二角九)　西安(三角)　三原(叁角)　涇州(叁角一)　固原(叁角弍)
蘭州(叁角叁)　凉州(三角四)　肅州(三角六)　京都(二角八)　小站(弍角叁)
大沽(弍角叁)　北塘(弍角叁)　蘆台(弍角叁)　灤州(二角叁)　錦州(二角五)
山海關(二角四)　營口(二角五)(卽牛莊)　金州(二角六)　旅順(二角六)
盛京(弍角六)　吉林(二角七)　甯古塔(二角捌)　伯都訥(二角八)　琿春(二角九)

齊齊哈爾(弍角九)　海蘭泡(叁角)(卽黑河屯)　愛琿(三角)
鳳凰廳(二角六)(卽邊門)　義州(二角七)　平壤(二角九)　漢城(叁角一)
濟物浦(叁角叁)(卽仁川)　春川(二角九)　元山(肆角)　咸興(四角壹)
公州(四角壹)　全州(四角二)　大邱　肆角三)　釜山(肆角肆)

內有由廣州至虎門黃埔香港三處。用華洋文字者。同價。各處至滬。福。廈。港。仍照章七字起碼。

接漢城局電咨照至公全大釜四局報費。照表各減二分。由漢至公州八分。至全州九分。至大邱一角。至釜山二角一分。七字起碼。用洋文者。加倍收費。

惟外洋報。由內地轉往釜山日本等處者。不限字數。照洋報收費。

寄報章程

凡官商託寄華字電報。須將信中字句之前。寫明某處某人收接。卽就本局電報新編。(此電報書可向各處局購買)查明逐字號碼。用本局印成信紙。將號碼自左至右。塡寫送局。假如發信云。上海大馬路某門牌字號李某鑿巡啓者等語。除上海兩字明寫外。其餘均塡寫號碼。其式如下。

上海　九二壹　六五肆七　肆二肆六　壹二六二　叁零零七　五三六六　六九七零　肆七零五

凡欲檢大字號碼。只須按書尋部。便知大字是九二壹號碼。餘均倣此。

凡欲寄暗碼之信。以防信息洩漏者。祇須寄信之人。與收信之人。預約將號碼加減。假如約定加二十碼則巡啓者叁字之碼便加作伍伍六六　六一八零　肆九零伍　庶使旁人見之。但知過時勘叁字而不可解也。惟住址姓名。不可用暗碼。以免無從投遞。報紙號碼。或有塗抹更註刀刮挖補等情。應由寄信者簽名信紙。或加圖章。即有差悞。與局無涉。

商民託寄顯明電報。如有干犯綱紀。妨礙民生等事。本局不便遞傳。原信應即扣留。倘信內稱呼不合。語言不遜。給歸寄信之人。本局不代受過。如係送來暗碼。局中無從知道。即傳遞亦不任咎。

代傳電報。一等官報爲先。二等電局公務次之。叁等私事緊急信又次之。肆等私事不常信又次之。遞送電報。則以接到先後爲序。

春夏收發電報。早以七點鐘起。晚以九點鐘止。　秋冬收發電報。早以八點鐘起。晚以十點鐘止。如有緊要一二等電報過時欲寄者。必須預先知照留機。臨時方可代傳。

寄收電報之人。如於肆十弍日限內。欲向局中抄取原報號碼者。果係本人或有人保非假冒。方准再予抄錄。

投送電報時。或交收信之本人。或其家屬夥友同居司閽之人。均無不可。（倘發信人預致局中謂某信不可交他收人代收者必應交付本人）惟不論何人經收。均須於送信單上親自簽押。或蓋圖章。並書收到時刻。如無人簽押蓋章。即將布啓。交存其家。電報帶回存局。守候本人或到理其事者持布啓來局領取。倘過四十二日不來領取。即將此報燬棄。

凡託寄顯語洋文之信。須用萬國電報通用之文。倘寄暗語之信。　須用英法德意荷衙日拉八國文字。其人名地名。不準借作暗語。至於暗語底本。應準局中查看。

凡託寄機密暗號洋文之信。如用號碼連寫。或幾號截作一段者。局中不必明其意。惟商民之信。不準用外國不成字之字母。以作暗號。如果一信之內。暗號與顯語同用。則所寫暗號。必須用筆截出。全用暗號者聽之。

洋報書函。均有定格。若電信不按欵式。及有錯字省文者。均不代傳。章程所不及詳者。悉照萬國電報通例辦理。

本局收發電報。無論中外官商。皆須先收報費。後與傳遞。惟各部政廳衙署公務官報。有關防閒信爲遲者。遵詳定章送到即發。其報費暫時登冊彙案詳報。如此項電報。有轉由洋公司遞各國者。其費仍應向官隨時具領轉結。

信中所載收信人姓名寓址。按字計算。與收信費同。寄信者。不可靳惜信費。縮減字數。背寫不清。以致無從投遞。倘有前項情弊。應歸寄信人之錯。本局不任其咎。如果寄信之人。因姓名寓址。字數過多。與收信者。預先商定減字之法。向兩處局中掛號。註明某某字即係某處某人之寓址。亦可照送。惟至少以五字爲率。至於寄信人姓名。載入信中。即須按字計費。

寄信之費。至少七箇字起算。七箇字以內。亦算作七箇字計算。逾七字以外。仍按字加算。路有遠近。費有等差。局中照章收費。給回收條。後乃發電。

洋報之字。以字母聯成者。每字至多以十箇字母聯成一字者。作一字算費。信內有二三字點畫連接者。仍按字數收費。其人名地名及數目等字。倘係接寫。准照字母核算字數。倘寫某邑某街者。其邑街等字。逐一收費。

洋報本用三箇號碼作一字者。不能因本局有四號碼作一字之例。如以十二箇號碼作三字算費者是。

洋報過號碼或字母截開單寫者。各照一字計算。緊要語下用畫者。亦算作一字之費。

洋報過有分別點畫。各算一箇號碼。過有號碼之後。又加一字母者。即係中國鄉字。亦以一箇號碼收費。

寄報者。除中國四項官報外。所有來紙。係用本局新編四碼。或華寫。或洋寫。連姓名住址。幷無一洋文及字母洋碼夾雜者。除實係洋商照洋報收價外。餘均照華報收價。住址姓名。亦照字算費。

寄報者。來紙通篇全用洋文字母洋碼者。自照洋報收價。若信中全用新編四碼。而姓名住址。用洋文者。凡在中國線上。準將肆碼作一字。仍照洋報價收費。如須過洋公司電線者。應照洋公司之例收費。若肆肆碼信中夾雜洋文字母。及三五等碼者。三碼作一字。四五六碼作兩字。七八九碼作三字。 悉照洋報收價。

凡寄外洋四碼電報。但經大北公司寄去者。大北線上。三碼作一字。 假如寄三箇肆碼字。共計十二碼。應算作肆箇字收費。如由大北轉別處外洋公司線寄去者。每肆碼。應作兩箇字收費。

寄報者。來報不論華洋所寫之碼。如果全文聯連而不斷者。均以三碼分爲一字。照洋報收價

凡來去電報。照萬國通例。本局不能繙查。以防洩漏。如寄報者。因電報新編之書未諳。必欲本局代爲繙塡號碼。除收報費之外。須另收以加一之額外費。或欲接報之局代譯字投送。亦須另收以加一之額外費。

報費除各戶立擋。先付存洋外。均須先收現洋。再行發報。報費在五角以內者。可用對開肆開等小洋。在五角以外者。則須收大洋。而找還小洋。華法同例執行。凡小洋不通行之處。均照兌價找錢。

遇有私事電報。欲提前立發者。即為私事緊急信計。須給貲三倍。（假如每字按章例收一角者則加作三角計算）又或於信前。加一急字者。此急字。仍照章按作一字算收費。

電報中。加用點句者。其點即用 七二等等 碼之字。亦作一字收費。

所寄之報。欲使一無差誤。須出收報之局。照原信號碼傳回校對者。信費另加一半。（假如每字例收費一角者則加作一角五分計算）并於信前加一對字。（此對仍照章作一字算收費）

如所寄之報。欲使收報之局報明收信人何時接到者。本局電線所寄之信。應收報費外。加收五字之費。其由本局轉交洋公司代遞至外洋各國之信。仍照萬國通例。加收一字之費。并於信前添加一到字。此到字亦算一字之費。

如所寄之報。欲使立候回音。須於信前加一復字。又一數碼。蓋即付過回信費若干字之暗號也。此復字及數碼作算兩字之費。所有回信之費。必須預付至少亦以十字。收報局見此付過回費之暗號。於送信時附交已收回費若干字繳單一紙。 寄回報者即可持此以寄回報。不再收費。如來回信字多。再由收報局向寄回報人找足。 如無回信。收報之人。可將繳單寄還發信之人。向發報局取回原費。此單字發報日起。本局界內則限廿一日。界外則限肆十二日為期。逾期作廢。不遞回音。不退原費。倘去信無人接收。即由收報局用四等電音。傳知發報局知照。寄信之人。其預付回報之費。即抵知照之費。不再給還。

如寄信人。因收信人住址不定。填寫兩處住址。須探投者。應於信前加一探字。（此探字亦算一字之費）除報費已由寄信人付訖外。探送之費。應由收信人照付。

信至其局在五里以外。須顧人專送者。如專差費洋一角。由收信人照付。至拾五里以外。二角五分。二十五里以外。肆角五分。三十五里以外。七角。肆十伍里以外。一員。伍十伍里以外。壹員三角伍分。六十伍里以外。一員七角伍分七十五里以外。二員二角。八十伍里以外。二員七角。九十五里以外。三員二角五分。每多路十里。照此章遞加。均由發報人先行付託。如該帶信之差以路遙不逾伍里。而索收專差費者。告知本局。立將該差革逐不貸

寄信人。欲將一信分送幾人。或一人之分住數處者。如其同在一埠。仍收一分信費。但每紙另加抄寫費洋一角（寄信南北亞美利加等處不能照此計）如果係分送幾人幾處。不同在一埠者。即照各埠信費。逐次計算。

寄信人。欲追回原信無須發寄者。係本人之意。確非假冒者。均可照。如此信尚未代傳。即將原信立刻交還。并將本局所發出之收條繳回。倘信既已代傳前往。亦可續寄一信。令收信之局。註銷前信。毋庸代投。所收信費。除此信已到某埠。應照某埠信費扣收若干。如有餘資存留。則給回原人。至於續寄之信。仍須照字先行收費。倘寄信者。欲索回信。先付回信之費。則此信在何局止住。該局即須照復。倘未付回信之費。該局亦應由信局寄與復音。

收信人。因來信有不解之語。即託原局追問者。所有追問及回復信費。均須先行照附。　如果復信到時。實係局中之誤者。應將追問及回報信費。照數繳還。如所寄電信。　收信人并未收到。應將信費全行繳還。即由寄信局傳公務電音至收信局。查得回單並不簽名蓋章。又

交留布啓者。當滬寄信人所執本局收條。及收信人寫來未曾收到之字據。全數照補。或電線斷遲至一百四十四點鐘之久。方能遞到。或追問原信後。局中果有大誤。應將信費。全行繳還。當滬收信人所收之信紙照付。除此三者之外。平常小悞。概不還費。至於應還信費之期。凡在中國日本界內之信。以兩箇月爲限。歐羅巴洲等處之信。以六箇月爲限。

大北公司南北線報費價目單

北線

由上海至長崎中國官報	每字洋一角
華洋商報	每字洋五角四分
由上海至(除長崎)日本	每字洋二角
	每字洋六角四分
由上海至亞洲俄國	每字洋三角九分
	每字洋一元三角七分五厘
由上海至歐洲俄國	每字洋六角六分
	每字洋一元六角五分
由上海至歐洲各國	每字洋一元四角三分
	每字洋二元二角

南線

由上海至長崎日本中國官報　每字洋三元零二分五厘
華洋商報　洋四元五角六分五厘

由上海至亞洲俄國　每字洋二元七角
洋二元九角一分五厘

由上海至歐洲俄國　每字洋一元九角八分
洋二元二角

由上海至歐洲各國　每字洋一元八角一分
洋二元二角

現時由英京至美京每字價洋三角一分九厘以上價值加一滙水費均在其內如遇大北水線截止應寄南線者立刻報明各局

香港風警圖

△日懸之風警		△夜懸之風警	△說明
▲	黑色(用籐織成)尖角向上形	白燈綠燈綠燈	北風指有西北方風或有東北風到
■	黑色(用籐織成)圓身平鼓形	綠燈綠燈白燈	東風指有東北方風或有東南風到
▼	黑色(用籐織成)尖角向下形	綠燈白燈白燈	南風指有東南方風或有西南風到
●	黑色(用籐織成)圓珠形	白燈白燈綠燈	西風指有西北方風或有西南風到
▼▲	黑色(用籐織成)雙角對向形	綠燈綠燈綠燈	指風勢有加無減
十	黑色(用籐織成)十字形	紅燈綠燈紅燈	指風勢隨時而至
▲	紅色(用籐織成)尖角向上形	白燈白燈白燈	指風勢在港口三百英里外或在二十肆點鐘內到港口

凡風勢隨時到港口者。則懸黑色十字形之風警圖。并由水上警察廳鳴砲三响。以警告各

船戶等預備風颶即時可至。(夜間則用白燈三盞以代之)遇有風至。則懸警圖表示。日間則用籐織之形以代警燈。夜間則用燈以代警圖。日間則視形色之號以分別風勢如何。夜間則視所燃之燈顏色以分別風勢如何。風勢既平定後。則無論何處所懸之風警號。一律解除。

日懸風警之地方

附近尖沙咀之(碧欽)山上蓬廠頂桅杆
水師船澳廠之水師提督座駕船頂
尖沙咀之九龍貨倉屋頂
青洲島之升旗台處
香港總船政廳望樓桅頂
荔枝角之三達火油公司旗桅處
鯉魚門東邊外之軍營旗杆處

夜懸風警之地方

廣九鐵路車站尖沙咀碼頭桅杆
水師船澳廠之水師提督座駕船頂
香港總船政廳望樓桅頂

搭船警告（凡式拾伍段）

(一)各公司輪船。原定有開行時刻。爲利便交通起見。但時有不得已之舉。换調別船替代。或更改開行時刻。亦有臨時未及預期宣佈。凡屬搭客者自宜體會。(遇有不測之虞遇霧避風船機忽壞等各安天命)

(二)搭客有託該公司或所搭之輪船。代接來往書函等。祇盡力代勞。而不負遺悞責任。(已與商定辦法者不在此列)

(三)搭客有電文信函。欲託該公司或該輪船爲之拍發者。祇可盡力代勞。而不負悞寄之責任。(其船中有郵政所及電報室設立者可按章執行)

(四)搭客行李。宜用布或紙。書明自己(即物主)之姓名貼於其上。或更註明由何處來。搭某船某位。前往某埠處等字樣。除其需用於近身者。餘則交與船上管行李艙人代貯。可得穩固保管。

(五)行李櫃箱。必須親手封鎖。餘各首飾金銀。須交與船中之珍藏保險室代貯。可免疏虞。不致損失。

(六)搭客在船上遇有失竊盜騙之事。可立報知舟師。按圖索驥。盡力追緝。如僕役招徠不週。可逕報管事或船房管理人等。(但不得以無理擧動致招攪擾)

(七)搭客在船上或游經各埠。不得攝繪砲壘。營汛。軍港。軍艦。軍械局等等。

(八)搭客不得違背船規而行。若經船員儆告後。故意不遵守儆告者。舟師有權處理之。

(九)搭客不得携帶犯禁品物。遇有關員登船檢查。或上該船上之偵探。以其有形跡可疑之點者。須一律服從檢驗。

(十)搭客在船染疾。或致不測。由醫生驗治。按章辦理。非得推諉。致貽累公衆。(女客於途、中產者愿否醫生治理各從其意)

(十一)搭客所到各國埠。應遵守該國法例。如繳納行李稅。入口稅。及各等名目之稅餉項。須如章行之。否則至被株連。則與該船無涉。

(十二)搭客携帶行李。須慎交與人管理。恐誤交他人。及棍騙之流者。是爲自悞。

(十三)搭客之爲案犯等。如被政府官員干涉。其留押或遞解之手續。均取臨時及就地而施設之辦法。該犯事之客。須受該船所停泊地界之衙署裁判。

(十四)搭客行李因犯關例。致被扣留。有未明關例者。儘可面請舟師或船員或辦房人等。代爲解釋指示。唯其與求情之供詞如何。此爲海關之權。縱彼此各執一詞。亦係該客與海關之交涉。船員暨不負責。

(十五)行李能妥交與船上保險室貯存。按章給以保險費。隨收回憑證。途中有不測之處。儘可準例賠償其所値。

(十六)船上客艙客房及貨艙。毋論何人。一律不得吸烟。船中特設有吸烟室。室內已佈置火險不虞之具。且所設處。客與船上之重要位置無甚關繫。室內吸烟之人。仍不得將烟頭火燼及火柴頭。棄於船板地上。

(十七)在船中車中。尚不宜吐口涎痰沫。所到各街公地。亦應慎守衛生行爲。庶免干涉。

(十八)客房中不得燃點油燈或火水燈。及燒易引火災之物。欲自己煲茶煮物。亦須持之往近烹煑室處地方。

(十九)客房及艙位。一律不準帶留狗猫雀鳥。畜牲等類。有之須交與船上畜牲室代養。照章納費。

(二十)搭客不得携帶爆炸品。及能傷人之利刃兇器鎗礮毒藥等。如屬軍官員役。亦須於落船時。先將所携帶之械品。交船上軍器室暫代貯存。

(二一)客房內所有船上佈置之傢私什物。不得擅自遷移。或致損毀。行李物件。過於笨重或汚爛者。食品有臭氣味者。一律不得放入客房及客堂之內。例每日上午十一點鐘。由伙長巡行全船查驗。約束一聲。

(二二)行李之隨身自帶者。須謹慎關照。門戶出入。亦宜親自加鎖。船停泊時。常有客棧買伴落船招接生意。所有行箱槓篋。宜檢點件數妥與之代收。然後跟隨關照。

(二三)搭客除在游戲室可作玩樂外。一律嚴禁賭博。在食餐室用膳之時。搭客種族雖屬不一。膳饌亦分華人餐。西人餐。日本餐等。依準時刻入席。坐位不得任意遷移。呼役不得揚聲。食時言談。亦宜細語。口涎痰沫。不可嗽過聲張。自用衣袖容爲遮掩。免人憎厭。完膳後即須離坐。最注意者。衣裳須潔整。衣服宜全。乃得入席。

(二四)船上設部分多所。如食煙則入吸煙室。游嬉入游戲室。閱書入書樓。與友暢談則在客廳。欲覽海景。可憑欄坐。惟其非搭客所應到之地位。如船員住房。水手房。機艙室。船員辦事所。廚房烹飪室。洗衣房等等。愼勿任意游行其地。致受嫌疑面斥。

（二一六）搭客不宜與值工之船伴役閒談。有所詢問。亦不過對答而已。毋論在何地方。不得喧嘩。及口出穢言褻語。

（二一五）輪船常於忽然之間。警鐘亂鳴警笛猛吹。實爲操習救險之訓練。其不知有此等舉動者。凡事宜見機而行。愼勿躁暴忙忽。

【航海者言】

海濶天空。波濤翻湧。此航海客慣見之狀況也。凡操航海之事業者。有樂而亦有苦。有反爲貧。而亦有立可致富。孰能智良。孰能習劣。惟在個人志向之所趨避耳。決亦不能沒其良點。而數其劣蹟也。

溯自歐亞通商以來。航業遂漸而展興。凡業船務而致富者固多。航海客亦因是不無得沾餘潤。夫業船務而致富者。自有其正式生意之獲益也。惟航海客庸庸僕僕所得之餘潤。乃屬竭營智慮而自謀入息者耳。蓋所得正式職俸。多係廉薄。除支銷盤費伙食外。餘所存者盈盈無幾。因此之故。航海客則又不能不竭其計智以謀入息。所謂入息者云何。其性質頗複雜。僅述之如左。

偸運犯禁品也。代匿犯禁品也。瞞搭私位之客也。賭局也。騙局也。運售零星貨物以獲微利也。代人携帶零星貨物以博酬賞也。在船中沽賣零星食品也。在船中賣藥賣物賣許。或演技術而博衆客之惠也。管房者。若能加意招待搭客。可得額外之酬賞也。代搭客妥爲招待行李。而更可獲酬勞也。管理餐室者。常加意招待搭客而可得酬賞也。爲管理船員之住房餐室者

。時亦得有額外之賜賞也。將自己有之床位而賃與搭客。而可獲租費也。（船客滿額常無位可容身）

有搭船充作搭客而藉騙局以圖發財者。謂之撈家。隱語曰老千。老千之流。有屬男而亦有屬女。凡女子之爲老千者。除設騙局賭局拐局而外。更可設美人局。 而行其賣淫之術亦無不可。撈家分有大小名稱之分。大撈家者。皆挾雄貲。手段通靈。故所獲必豐。小撈家者。 大抵缺於資本。或手段未得嫻熟。亦有船伴者間充之。故所獲不能如大撈家之豐裕。更有所謂千上千者。即騙中騙之流亞也。隱語以所設之局曰檯。所商之件曰生意。所指之物曰傢私。 鴉片曰黑貨。亦曰摩囉鬼。軍械曰硬貨。子彈曰心。鹽曰豬仔。買客曰格。 事之失手曰賣哂貨。所指交到之期曰潮水。所謀之事得成者曰掘。一百員則曰一尺。一千員則曰一丈。總而言之。一船中之內容。秘中之秘。無奇不有。罄竹難書焉。

運犯禁品者。買賣及逃匿。皆係一人之責任承當。 惟大帮物則亦有合夥爲之。犯禁品。即指軍械及鴉片烟與鹽等物是也。代匿犯禁品者。不過因得其資。而代他人藏匿之於秘穴中耳。惟不負被搜查失手之責任。故所得之酬資頗微。搭私位之客人。隱語謂之曰蛇。瞞搭私位客之事曰屈蛇。屈蛇之舉。未必盡可瞞船中衆伴。故爲屈蛇之舉。極守秘密。而衆伴須有聯絡之感情者然後乃可。屈蛇之性質。有抵埠時包登岸與不包登岸之分。 因其瞞船上舟師及船員者可。而欲瞞抵埠時該守碼橋之差員則未必可。 惟船員之已與該差預先串通者。則又不在此例矣。私客之位費。預先訂明。是否於落船時先給交半數。 抑於到埠時始統找其數。倘不幸而被稅關或舟師等搜獲。則藏匿者與被匿者均爲有罪。故客之在藏匿處時。飲食起居。

僑旅錦囊　航海者言　百四六

狀至慌忙。彼處一隅。洵與穴中蛇鼠無異也。縱若病危而致斃命。所發生之事。勢不能宣揚。惟有設法以減其屍骸蹟。或葬之于魚腹。或焚之於烈火。此又不可揣測而知之矣。

賭局最雜。種式無所不有。通常於船面設枱設賭。　觀其地位之如何。應歸何一部分所管。例有抽佣以充作該部分之伴爲入息者。其餘各自開賭於本部分所有之地位。仍主自該本部分同伴之衆意。或合資而開賭。虧損則共負其責任。如將地位而租與他人開賭者。則收入之租。或按次抽佣。亦歸該本部分各伴均沾其利益。至於船上之售物或售食品。除分清界限而外。亦有彼此通融辦理者。船伴貯放自帶之貨物。不得逾他部之界限。　招待搭客行李上落。管房及管理貨室者。各有一定之職。不得逾例濫奪權限。在船上售賣雜物或食品。其權本係歸諸管伙食部分之管事所有。例不能被他人侵佔其權利。但輪船之定章。日久難免玩生。故尚不能以劃一而論也。

航海客之職守種類。名目不一。然其同事中之感情。大抵以同屬該會社之友者爲最厚。港埠中之航海業會社。曰某某閣。曰某某社。曰某某堂。曰某某會等等。數至五百餘間有多。

來往各埠　海里一覽表

搭附輪船火車往來各國各埠約所需之時日

上海	往	香港	四日	上海	往	法國	四十四日
香港	往	海防	兩日	上海	往	英京	五十日

由紐約	至	古巴夏灣拿埠	一千三百五十英里
由紐約	至	上海（經巴拿馬）	一萬一千一百六十九英里
由紐約	至	香港（經巴拿馬）	一萬一千五百七十九英里
由上海	直至	橫濱	一千二百一十英里
由亞士幷窩兒埠	至	紐約	一千九百八十九英里
由亞士幷窩兒埠	至	英京（倫敦）	肆千六百肆十三英里

每英里即華里叁里有奇

各國埠相隔之里數水程

THE DISTANCES.

BY LAND AND WATER BETWEEN THE PRINCIPAL PORTS IN CHINA AND THOSE OF THE DIFFERENT OTHER COUNTRIES.

僑旅錦囊

來往各埠海里表

百四八

香港	往	西貢	四日半	橫濱	往	英京	五十二日
西貢	往	星架波	三日	上海	往	橫濱	七日
星架波	往	我兒	七日半	上海	往	舊金山	三十日
我兒	往	亞丁	十日	舊金山	往	紐約	(鐵路)七日半
亞丁	往	蘇彝士	五日	紐約	往	英京	九日
蘇彝士	往	砵西	三十點鐘	英京	往	法京	(輪船及鐵路)十點鐘
砵西	往	聃布士	四日	英京	往	德京	(鐵路)一日半
聃布士	往	法國	兩日半	上海	往	天津	四日
砵西	往	摩兒打	三日半				

水程 每英里即華里之三里三

由	紐約	至	英國 李華保路埠	三千零零肆英里
由	紐約	至	英京 倫敦	三千一百六十英里
由	紐約	至	英國 稍探頓	三千一百一十英里
由	紐約	至	德國 西北克伯冧	三千五百九十英里
由	紐約	至	德國 西北伯森門	三千五百肆十英里
由	紐約	至	法國 北蝦華	三千一百一十五英里
由	紐約	至	舊金山埠 (經巴拿馬)	五千二百零九英里

上海至					
一參里	吳淞				
六一里	肆八里	燈船			
一一五里	一零二里	五肆里	太平局		
一二五里	一一二里	六肆里	十里	鎮海	
一三六里	一二三里	七五里	二一里	十一里	甯波

天津至	
七一里	北京

上海至					
肆一一里	福州				
六一二里	一八五里	廈門			
七六六里	三三五里	一五零里	汕頭		
九肆一里	五一零里	三二五里	一七五里	香港	
一零七一里	五八六里	四零一里	二五一里	七十六里	廣州

羅星塔——輪船俱泊於此

僑旅錦囊　來往各埠海里表　百五十

	鎮江至	儀征	南京	蕪湖	大通	安慶
儀征	十六里					
南京	肆柒里	叁一里				
蕪湖	一零二里	八六里	伍伍里			
大通	一六六里	一五零里	一一九里	六肆里		
安慶	二一二里	一九六里	一六九里	一一九里	肆六里	
九江	叁百里	二八肆里	二伍三里	一九八里	一三肆里	八八里

	神戶	門司	上海	香港	新嘉波	哥林布
門司	二肆零					
上海	七九零	伍伍零				
香港	一六肆零	一肆零零	八五零			
新嘉波	叁零五五	二八一伍	二二六五	一肆一五		
哥林布	肆六二零	肆叁八零	二九三零	二九八零	一五陸五	
孟咪	伍伍零陸	五二六六	肆七一六	三八陸陸	二四五一	八八六

加李吉打航線與各埠遙隔之海里數

	蘭貢	庇冷	新架波	香港	門司	神戶	橫濱
加李吉打	六八零	一四叁三	一八三叁	叁二七叁	肆肆七一	四七一一	五零陸一
蘭貢		柒五叁	一一五叁	二伍九三	叁柒九一	肆零叁一	四三八一
庇冷			肆零零	一八肆零	叁零叁捌	叁二七八	三陸二八
新架波				一四肆零	二六叁八	二八七八	三二二八
香港					一一九八	一四三八	一柒捌捌
門司						二肆零	九九零
神戶							三五零

海參威航線與各埠遙隔之海里數

	獅山	元山津	釜山	長崎	門司	神戶
海參威	一四零	三五零	陸伍四	捌一六	九六四	一二零肆
獅山		二一零	伍一四	六柒六	捌二四	一零六肆
元山津			三零肆	四六六	六一肆	捌五肆
釜山				一六二	三一肆	伍伍零
長崎					一肆捌	叁捌捌
門司						二肆零

	澳門	廣州
香港至	三柒里	一零三里
澳門		陸陸里

來往各埠海里表

	上海至	烟臺	大沽	天津
烟臺	四九四			
大沽	六九六	二零二		
天津	柒伍六	二二二	陸十	
牛莊	八零六	三一二	一一零	五十

	上海至	鎮江	南京	九江
鎮江	一伍陸			
南京	二零三	四柒		
九江	四伍陸	三百	二伍三	
漢口	五九陸	四四零	三九三	一四零

	香港至	汕頭	廈門	福州
汕頭	一柒五			
廈門	三二伍	一伍零		
福州	伍一零	三二伍	一八伍	
羅星塔	九四一	柒陸陸	陸一陸	四三一

	橫濱至	神戶	門司	長崎
神戶	叁伍零			
門司	伍九零	二四零		
長崎	柒肆四	三捌八	壹四捌	
上海	壹二零三	八四伍	陸零伍	四伍九

	香港至	橫濱
橫濱	壹陸弍零	
舊金山	陸三柒零	四柒伍零

	神戶至	門司	長崎	大沽
門司	弍肆零			
長崎	一九四	壹五肆		
大沽	壹壹弍零	八捌零	柒弍陸	
牛莊	壹二陸肆	壹壹弍肆	九柒零	弍四四

僑旅錦囊

來往各埠海里表

	橫濱	神戶	門司	上海	香港	新加波	庇冷	哥林布	蘇士河	砵西	馬絲厘	倫[illegible]
神戶	三五零											
門司	伍九零	二四零										
上海	壹壹四零	七九零	五五零									
香港	壹九九零	一六肆零	一肆零零	捌五零								
新加波	二肆叁零	三零八零	二八四零	二二九零	一四四零							
庇冷	三八弍伍	叁肆柒伍	三二三五	二六捌五	一捌三五	三九五						
哥林布	五一二叁	四七柒三	四五三三	三九捌三	三一三三	一六九三	一二九捌					
蘇士河	捌伍二六	八一七六	七九三六	七三八六	六五三六	五零九六	四七零一	三四零三				
砵西	捌六一三	八二陸三	八零二三	七肆七三	六六二三	五一八三	四七捌捌	三四九零	八七			
馬絲厘	柒一弍一	九七柒一	九五三一	八九八一	八一三一	六六九一	六二九六	四九九八	一五九五	一九零八		
倫[illegible]	一二一一肆	一一柒六四	一一五二四	一零九七肆	一零一二四	八六八四	八二捌九	六九九一	三五八捌	三五零一	一九九三	
[illegible]	一二叁二二	壹壹九伍四	一一七一四	一一一六肆	一零六一肆	捌捌七四	八四七九	七一八一	三七七六	三六九一	二一八三	[illegible]

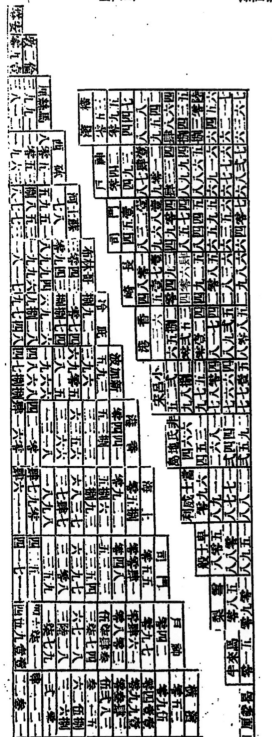

百五四

普通船規

日本郵船公司（亞洲航線）客船之規則

来往神戶嗎咪者。船計六艘。每十四天開行一次。途經日本之門司埠。及香港。星架波。哥林布等。唯不儎客。（另有專船以運儎貨物尚不在此之列。）

来往横濱架吉打者。船計六艘。每十四天開行一次。途次順經神戶。門司。香港。星加波。庇能。蘭貢。（此項船隻因係訂定期運儎貨物者故不兼儎搭客。）

来往上海横濱者。每叁天開行一次。途次順經神戶。門司。長崎。 游歷旅客欲購客位之船票者。可向日本郵船公司。及中國日本輪船公司。或外國各埠代理處購之。且可得優待。 一

来往高麗（朝鮮）中國北省者。船共四艘。每六天開行一次。運貨兼儎客。途次順經神戶。 牛莊。門司。長崎。（天津）大沽。又来往横濱及中國北省者。船共三艘。約十一天開行一次。 途次順經牛莊。名古屋市。長崎。門司。仁川。大連。大沽口。

中國北京鐵道。来往日本。仁川。大連。天津。北京。及大沽口等處。 欲購此項廉宜之車票。惟在日本各車務處可購之。頭二等客費五員二角。三等客費叁員一角半。

十二歲大之孩童費折半收。三歲大之孩童免費。

来往神戶及（衛海威）委使足埠者。船共兩艘。約十天開行壹次。途次順經門司。長崎。斧山。

朝鮮。釜山。四仙。運貨物而兼儎搭客。

來往神戶及基隆(台灣)者。船共兩艘。每約七天開行壹次。運儎貨物及搭客。來往基隆及琉連球者。每七天開行壹次。船僅有壹艘。貨客兼儎。

來往橫濱及般年島者。船僅壹艘。每十五天開行一次。貨客兼儎。

來往神戶及小樽者。船共十艘。每三天開行一次。惟往大阪等處。則每五天開行一次。又往育繼支者。每三十天開行一次。獨係載貨不運客。

搭客有欲預定客位而不先購客位票者。必須到公司或在船上辦房。預繳其位所值四分一之費。臨時失約不至。則準將該定銀充公。概不發還。

搭客所隨從之僕役。而在別等艙位住者。若得船上總管之允許。儘可隨侍其主家服勞一切職務。惟有時刻限定。幷不得在其主家之房位用膳及宿。

搭客之購頭等及二等位者。其費包括供給伙食茶點。侍役照管。沐室。床具被褥之洗換。及得在各游戲處書樓等處享用。惟酒水及別等食品。則須照時價向辦伙食之人購買。

船上所有購買客位費。及種種交易。一律不用各國銀家之滙單。若有別國銀票。(即兌換現金之銀幣)及金錢銀圓等。隨時可向船中之兌換機關處照時價找換。

船已抵埠泊椗。而有搭客因趕轉搭別船不及。或因大時雨水未便登岸。該船尚未在啓行之時刻。且未有別客登船定購其位。仍欲逗遛在其住房位漸待者。每晚收費一員起而至二員。而船中搭客有於半途忽染重病者。該船總管有權飭令其在附近埠處登岸。送往醫院調治。而保公共衛生平安起見。搬運行李上落之費。仍歸該病者自行支理。但既痊愈後。仍可續搭回該公司之別輪船。送赴其所訂購位之埠。免再收費。

搭客來往所經歐洲澳洲美洲之洋海。及上海等航線。例有繳納驗醫金。(即入口驗身費。)頭等二等三等。按章徵收銀約五員。二員半。一員半不等。此項費用乃係搭客自理。而不在船位費內之列。

搭客出洋所準携帶行李之限重。以普通而論。頭等位每人限帶三百五十磅。約共肆十丁方方英尺。二等位每人限帶二百五十磅。約共三十丁方英尺。其餘次等及三等位。每人限帶壹百五十磅重。約共二十丁方英尺。

搭客來往所乘之船。而係在日本國界航線者。頭等準携行李一百三十三磅。約四十丁方英尺。弍等八十三磅。約十五丁方英尺。次等及三等。伍十磅重。約壹十丁方英尺。

搭客所携帶行李。逾限額之重量者。一律抽收儎脚。按章作貨物論。至其行李之價值。不得逾值五百員爲限額。否則海關有權照例抽稅。

搭客在船上隨身需用之衣箱或皮篋。其長徑不得過三尺。活徑不得過弍尺。高不得過壹尺。如有逾過此額尺寸者。須交入行李貯存室代放。

日本郵船公司所收之船位費（客費俱以英國金錢計壹磅即銀約九元）

搭客所搭之船往庇能。馬力箴。長崎。門司。而非首途直抵東方各大埠者。欲向該公司代購轉搭火車票或船位票等。如假託之代購。可平安直抵東方各埠。

由小呂宋往英國屬各埠。所收客位費。與由上海前往英國屬埠者同價。

特等輪船之頭等(單床)獨睡客房費。照普通輪船之定章所收者。加收額外費以十分一計。船前截所有之客房。欲一客獨自住者。須加收額外費以十分之八計。如係兩客同住者。每人加收額外費以十分之二計。

船後截所有之客房。欲一客獨自住者。須加收額外費以百分之六十五計。如係兩客同住者。每人加收額外費以百分之十計。

欲以兩房相通而作一房者。幷有私家用之浴房廁室等。毋論一位或兩位客住之。均作三位客計。每客加收額外費以百分之四十五計。若足數三位客住之。均作四位客計。每位加收額外費以百分之伍十計。又如已足數四客住之。仍照作四位客計。每位加收額外費以百分之陸十計。

船上之頭等弍等及次等搭客。一律可供給以西餐。惟三等搭客。祇可供給以日本餐品。(頭等弍等及次等之搭客若欲用日本餐者亦可隨意供給之)

三歲以下之兒童。壹位爲限額。免收費。加多過一位者。照數每名收以肆分一費。若拾弍歲以下之小童。折半收費。

搭客凡屬日本海陸軍部兵役人員者。每名照章減收拾分之二。凡屬國家辦公及領事差遣之員役家眷等。如係搭頭等弍等之客位。照章減收其客位費百分之拾伍。傳道之教民及其子女家眷婢僕等。如搭頭等客位。係來或往神戶。橫濱。門司。長崎。下關等處者。得照章減收其客位費百分之弍拾伍。(此段祇指來往橫濱及中國北省又由委使足來往神戶等之兩處航線而言)

來往神戶及中國北方航線之搭客。頭等搭客。則給以西餐。二等及三等。均給以日本餐。日本海陸軍及國家差遣人員傳教家眷等收費減折如前。）

來往神戶及基隆（台灣）航線之搭客。頭等則給以西餐。二等及次等又三等。均給以日本餐。轉駁火車之客位票。屬頭等二等及次等者。可向神戶。門司。及基隆等辦事所購之。

餘如來往日本各埠者。毋論何等搭客。一律均給以日本餐。惟來往基隆（台灣）及琉球島者。所收客位費。不包伙食在內。臨時如有搭客欲購餐品者。祇可向在船上管理賣餐人照時價購之。

旅游券。祇限一人用。收費壹千零四十五（日本銀）員正。限於三閱月內任由隨時乘搭該公司之輪船。週游所到各國大商埠。起程之址。可自遠東（即中國）起。途道經蘇彝士河。向東行至太平洋。遂北美洲止。

憑旅游券搭船之行李限額表

香港日本來往蘇彝士路。澳士利亞洲。　每人准帶行李。不得逾三百五十磅重。

來往澳洲及烏思蘭之航線。准帶行李。限四十丁方尺。即不得逾過三百二十六磅重。

來往大西洋之航線。　每人准所携帶行李。不得逾弍十丁方尺爲限額。

來往蘇彝士路。太西洋。加拿大及太平洋鐵道。之旅高等。　每人帶行李不得逾三百五十磅重。

來往各埠船價表

	英國倫敦安塔	馬絲厘	砵西	哥林布	吡冷	加力馬	新加坡
馬絲厘	九十員／六十員／卅二員／廿二員						
砵西	二百員／百卅二員／柒十員／伍十伍員	百三十員／九十員／伍十六員／肆十員					
哥林布	四百廿員／三百員／百捌十員／百式十員	三百柒十／二百六五／一百六十／百一廿員	三百卅員／二百二十員／百三十員／九十員				
吡冷	四百九十／叁百廿五／式百員／百三十伍	四百三十／二百八五／百八十員／百二十員	三百六五／二百肆五／百五十員／一百員	八十五員／五十五員／三十員／二十二員			
加力馬	五百員／叁百叁十／二百員／一百四十	四百四十／式百九十／百八十三／百二十伍	叁百柒伍／二百五十／一百五十／一百員	百一十員／七十式員／四十員／一十捌員	式十五員／一十一員／六員／四員		
新加坡	伍百員／叁百叁十／式百十員／一百肆十	四百貳十／二百九十／百八十三／百二十伍	三百柒五／二百五十／一百伍十／一百員	百一十員／七十二員／四十員／二十八員	二十八員／二十員／一十一員／七員	一十三員／九員／五員／三員	
香港	伍百伍十／三百陸十／二百三十／百五十五	五百員／叁百三十／二百零伍／百叁十八	四百四十／二百九十／一百八十／一百二五	百六十五／百一十員／六十員／四十五員	百柒十員／六十捌員／四十員／二十捌員	二十九員／六十員／三十五員／二十五員	八十員／九十二員／三十員／式十二員
客位	壹等／式等／次等／叁等	一等／二等／次等／三等	一等／二等／次等／三等	一等／二等／次等／三等	一等／二等／次等／三等	一等／二等／次等／三等	一等／二等／次等／三等

客位	神戶橫濱上海	香港	星加波	哥林布	砵西
二等	叁十八磅	三十六磅	三十三磅	廿七磅	九磅
頭等	五十五磅	五十式磅	四十八磅	卅七磅	十三磅
二等	四十一磅	三十九磅	三十六磅	三十磅	十二磅
頭等	六十磅	五十七磅	五十叁磅	四十二磅	十捌磅

	神戶	門司下關	長崎	天津大沽	牛莊營口
頭等來回	[illegible]	[illegible]	[illegible]	[illegible]	[illegible]
二等來回	[illegible]	[illegible]	[illegible]	[illegible]	[illegible]

百六二

THE DISTANCES.

BETWEEN PEKING AND THE PROVINCES OF CHINA.

北京與各府城相隔之里數

北京至直隸省城保定府三百三十里
北京至廣東省城廣州府五千七百柒十四里
北京至山東省城濟南府九百三十九里
北京至湖北省城武昌府二千八百八十五里
北京至河南省城開封府壹千五百式十里
北京至湖南省城長沙府叁千柒百九十五里
北京至山西省城太原府壹千二百一十五里
北京至廣西省城桂林府四千八百式十五里
北京至南京江甯府二千二百二十柒里
北京至貴州省城貴陽府肆千八百式十二里
北京至安徽省城安慶府式千五百叁十七里
北京至雲南省城雲南府伍千八百六十九里
北京至江蘇省城蘇州府二千六百五十九里
北京至陝西省城西安府式千五百六十三里
北京至浙江省城杭州府三千零三十里
北京至甘肅省城蘭州府三千九百三十五里
北京至福建省城福州府四千柒百柒十五里
北京至四川省城成都府四千七百一十五里
北京至江西省城南昌府叁千一百二十九里
北京至盛京兵部衙門處一千四百七十柒里

來往各埠船費表

埠	至	頭等	來回	二等	來回	三等
天津（大沽）	牛莊（營口）	十八員	三十二員	十二員	二十二員	四員
大連	牛莊（營口）	十八員	三十二員	十二員	廿二員	九員半
大連	天津（大沽）	十五員	廿七員	十員	十捌員	九員半
仁川	牛莊（營口）	三十員	五十四員	二十員	三十六員	十員
仁川	天津（大沽）	三十員	五十四員	二十員	卅六員	十員
仁川	大連	十八員	卅二員	十式員	廿二員	六員
長崎	牛莊（營口）	四十八員	八十陸員	三十二員	五十七員	十五員半
長崎	天津（大沽）	四十八員	八十六員	三十二員	五十七員	十五員
長崎	大連	廿六員	肆十四員	十七員	廿九員	十員
長崎	仁川	十八員	卅二員	十二員	廿二員	六員
下關（門司）	牛莊（營口）	四十八員	八十六員	三十式員	五十七員	十五員半
下關（門司）	天津（大沽）	肆十八員	八十六員	三十二員	伍十七員	十伍員
下關（門司）	大連	廿六員	四十肆員	十七員	式十九員	十員
下關（門司）	仁川	十八員	卅二員	十二員	廿二員	六員
下關（門司）	長崎	六員	十一員	四員	柒員	二員
神戶	牛莊（營口）	五十三員	九十五員	三十六員	六十五員	十七員半
神戶	天津（大沽）	伍十三員	九十五員	三十六員	六十伍員	十七員半
神戶	大連	三十員	五十壹員	二十員	卅四員	十二員
神戶	仁川	卅四員	肆十三員	十六員	廿九員	八員
神戶	長崎	十三員	式十三員	九員	十五員	四員半
神戶	下關（門司）	九員	十六員	五員半	九員	三員
名古屋市	牛莊（營口）	九十七員		三十九員		十九員
名古屋市	天津（大沽）	五十七員		叁十九員		十九員
名古屋市	大連	卅肆員半		二十三員		十二員半
名古屋市	仁川	廿七員		十八員半		九員半
名古屋市	長崎	十柒員半		十二員		陸員
名古屋市	下關（門司）	十二員		八員		四員
名古屋市	神戶	四員半		三員		一員半
橫濱	牛莊（營口）	六十二員	百一十一員	四十式員	七十五員	十員零半
橫濱	天津（大沽）	六十二員	百一十一員	四十二員	七十五員	廿員零半
橫濱	大連	卌九員	六十六員	廿六員	四十四員	十五員
橫濱	仁川	卅一員半	五十七員	廿一員半	卅九員	十一員
橫濱	長崎	二十二員	卅九員	十五員	廿伍員	七員半
橫濱	下關（門司）	十六員	廿九員	十一員	十八員	五員半
橫濱	神戶	九員	十六員	六員	十員	三員
橫濱	名古屋市	四員半		三員	五員	一員半

自海通以來。華洋雜處。交際日繁。故以習方言爲目下應圖之急務。查諸大外埠。均以英語爲最普通。然南洋新嘉波爪哇群島。獨以巫（即馬來）語通行。有未問津者抵此。莫不瞠目而缺應酬。縱覓舌人傳譯。尤恐形諸隔膜。爰備譯其日用所必需者。附錄以備參考。

英語譯者 盧景棨
巫語譯者 恨餘 誌識

巫語指南

- 數目門
- 食物門
- 顏色門
- 職務門
- 兩字雜話
- 天文門
- 器用門
- 建造物件門
- 五金門
- 三字雜話
- 地理方位門
- 衣服門
- 房屋門
- 菓菜門
- 時令門
- 首飾門
- 身體門
- 鳥獸門
- 貨物門
- 工匠門
- 病症門
- 一字雜話

華語	巫語	英語
▼數目門▲		
叁	地加	綵廛
陸	亞林	昔士
玖	士卑蘭	乃吾
十式	都話罷辣士	吐委路乎
十五	離孖罷辣士	拂夫遷
十八	立品罷辣士	翳遷
廿一	都話補路殺刀	爨地溫
四十	暗筆補路	科地
七十	做糟補路	些坦地
一百	士車絕	溫恨地列
半員	丁鴉連咽	蝦夫害多剌
一兩	殺刀低梨	溫弟勞
一觔	殺刀加地	溫加加地
一尺	殺刀加記	溫澗
一疋	殺刀加天	溫卑士
一紮	殺刀干吉	溫賓租
一担	殺刀壁古	溫壁古

華語	巫語	英語
壹	殺刀	溫
肆	暗筆	科
柒	做糟	些坦
拾	士卑路	天
十三	地加罷辣士	鶻遷
十六	亞林罷辣士	昔士遷
十九	士卑蘭罷辣士	乃吾遷
廿二	都話補路都話	爨地吐
五十	離孖補路	拂夫地
八十	立品補路	翳地
一千	士庶毛	溫斗順
二角半	殺刀素姑	爨地快乎先士
一錢	殺刀千	溫尾士
半觔	丁鴉加地	蝦夫喜加地
一萬	士拿沙	遷造順
一碼	殺刀也	溫也
一箱	殺刀別地	溫箕士
一對	士巴生	溫啤亞

華語	巫語	英語
弍	都話	吐
伍	離孖	快乎
捌	立品	翳
十一	濕罷辣士	衣剌紜
十四	暗筆罷辣士	科遷
十七	做糟罷辣士	些坦遷
二十	都話補路	爨地
三十	地加補路	削地
六十	亞林補路	昔士地
九十	士卑蘭補路	乃吾地
一員	殺刀連咽	溫多剌
一分	殺刀寬	溫乾打連
一寸	殺刀咽治	溫咽治
一丈	濕補路加記	遷拂
一罐	殺刀尾列	溫天
一包	殺刀蒙古蘇	溫壁
一車	殺刀個衍	溫架

一次	殺刀加利	溫太唔
一打	殺刀羅仙	溫打先
一桶	殺刀桶	溫加士
▼天文門▲		
日	勿打下厘	新
雲	亞溫	考撈
星	兇打	士仙
虹	鷄亞厘	淩賚
▼地理方位門▼		
山	毛結	戲路
泥	日拿	勿
園	敌垣	假壙
路	夜蘭	威
涌	謖哆	謂乎
村鄉	厘忌利	畏利支
水乾	亞咽索律	路太
水滾	亞咽厘梨	和打倍凌
東	地摩兒	衣思
北	孖辣	那乎
▼時令門▲		
日	下厘	娣
今日	衣厘下厘	吐娣

半	士丁鵝	蝦夫
一碗	殺刀孟各	溫保路
一笠	殺刀加冷鵝	溫把士結
天	拿烟	士椕
月	毛燐	閩
雨	鳥衍	路連
霧	捫	徵士
地	毛尾	靴夫
海	拿活	絲
沙	巴些	鮮
高山	毛結項而	孟晴
水	亞咽	窩打
岸	打怒	絲疏
階級	登亞	士塔
沈水	丁阿林亞咽	省
埠	寧亞厘	砵
南	沙拿丹	搜夫
年	兜垣	耶亞
夜	孖林	乃
明日	未夙	吐壓勞

一袋	殺刀罐連	溫昔
一碟	殺刀庇眼	溫庇列
地	毛尾	哥冷
風	亞鴉	永
雷	歎多兒	新打
月光	毛燐打冷	閩黎
地方	且鯙	卑李士
水邊	巴生	絲疏
田	沙化	非路
港口	宋唉	砵
渠	朧庚	加路滑
地位	泵畢	晒
水大	亞咽巴生	蟹太
凍水	亞咽思都	够路和打
河	思嫩	厘化
西	鳥打拿	華士
歲紀	鳥壓兒	喜治
時	音	太唔
昨日	禁馬連	耶士打娣

昨夜	土孖林	剌土乃
朝早	巴巷巴巷	壓宰
幾時	未拿	咏
片時間	土加冷	喜浮兒尼
一點鐘	步高殺刀	溫區哥洛
一月	殺刀毛燐	溫文夫
節期	下厘無失	非土弟壼
禮拜一	下厘殺刀	文地
禮拜四	下厘暗筆	科土地
午間	丁滛梨	綏
春	無拿毛禮	土卑令
冬	毛燐惡足	永斜
叁月	毛燐地加	孖治
六月	毛燐亞林	津
九月	毛燐土卑蘭	涉添怕
十二月	毛燐都話	龍土地深怕

▼貨物門▲

雜貨	新地厘	新地厘土
樹皮	故列加夫	白
香信	故辣記冷	燕思林
顏料	枳	低
樹膠	結打	因地亞立白

今晚	衣厘孖林	吐乃
晨早	惺惺	靴利麼宰
目下	燕厘	只土奴
幾久	龍拿龍南孖	好朗
去年	兜垣老撈	鰣土耶亞
一日	殺刀下厘	溫地
本月	衣厘毛燐	地土文乎
一星期	殺刀名我	溫疫
禮拜弍	下厘都話	秋土地
禮拜五	下厘梨孖	非黎地
下午	八登	亞夫打綏
夏	無禮班鰣土	深麻
正月	毛燐殺刀	毡要亞厘
四月	毛燐暗筆	喜布路
七月	毛燐造糟	租黎
十月	毛燐土卑路	惡吐怕
魷魚	吉皮侖舫	吉皮非樹
燕窩	沙冷無楨	筆土拿土
檀香	加人止拿鰣	線砒活
雲耳	古力甲兵	宏加土
蝦米	惡登居令	地黎樹廉
沙籐	羅木	列大

明晚	未宿孖林	吐麼路乃
明朝	未宿巴巷	吐壓路摩宰
即時	土架冷	歛掘土
一息間	土結邑	喜武綿
一年	殺刀兜垣	溫耶亞
新年	泵孖撈	烏耶亞
下月	禮元毛燐	窮土文乎
星期日	下厘名我	新地
禮拜三	下厘地加	環土地
禮拜六	下厘亞林	薛者能
挨晚	八登	衣云
秋（南洋無秋季）		阿泵
二月	毛燐都話	非布兜利
五月	毛燐梨孖	尾
八月	毛燐立尚	阿加土地
十一月	毛燐土龍土	奴粉怕
瓜子	胃命薛	孔綸薛土
魚翅	施背衣根	紮土墳
蠔豉	耶林記淩地	綮嫈土打
麵粉	捷捧	夫老亞
魚皮	古滙衣根	非樹土根
牛角	旦若	敲看

僑旅錦囊 · 巫語指南

牛皮	古歷嫁拿無	敲保
熟烟	担馬交毡亞	吐北荷
棉紗	背烟下勞士	葛存機
絲髮	雪打拿	絲路奇
羊毛	無勞甘名	胡路
吧馬油	棉若薏泵	打

▽食物門△

白米	罷叻乖	路嚓思
猪肉	馬咪	朴
糖菓	文利辛	乾地事
糖薑	文厘辛啞利啞	乾締毡者
鵝	登紗	哥乖
粉絲	勒紗	胃米除利
綠荳	加增耳體	忌蓮邊事

▽器用門△

鑊	瓜李	班
碗	孟各	寶路
眼鏡	芝利面仔打	乖逼弟古
雨遮	貓雍	暗卑刺拉
墨	拿屈	英奇
草蓆	的加兒	襪
車輪	羅打	胃路

羊皮	古歷甘名	沙士係
鴉片烟	振奴	區皮蓭
土靛	打林	因敵高
西米	沙姑西	西九
煤炭	亞冷華刀	荷勞
鹹魚	呀先衣根	疏路非署
油	免若	鏥勞
鹽	呀林	疏路
猪膏	免若馬尾	辣
鷄	呀音	赤近
牛肉	哥羅毫	卑夫
白荳	加增布爹	威邊
刀	庇修	乃乎
碗櫃	拿治孟各	筊砵
碟	卑眼	卑列
吊燈	藍煲	亭鶬廉
紙	嫁[illegible]達事	皮怕
夾萬	別的	四夫
枕頭	萬打兒	皮路
劍	忌利事	腮惡

呂宋烟	組律	思假
棉花	加鏵士	葛存
薯黃	金孭亞	根奴
番梘	沙般	濕
水銀	勒紗	鋭思路化
火腿	馬尾呀先	喊
椰油	免若架[illegible]巴	荷九[illegible][illegible]
白糖	鵝[illegible]布爹	威蘇加
魚	衣斤	非乖
鴨	倚滴	德
羊肉	甘名	勿存
黃荳	加增貫蓮事	革列皮思
鎖	官支	樂
快箸	萬滴	執士的
杯	乍彎	筊
鉸剪	軟丁	思唆事
筆	家林	篇
匙羹	毡刀	事潘
秤	鐺	事其勞
籮	孖姑兒	把事結

燈	庇離打	廉
地毡	地家無勞	家拔
棺柩	別地馬地	哥宏
針	乍粿	呢租路
墊褥	萬打兒	姑臣
玳瑁	古列箇拿	多弟事賒路
鞭杆	當吉	事特
鏈	拇	丮八
燈心	宋毋	廉域
網	搓拿	呢鉄
罇	磨絕	砵租路
東洋車	晏江	路力疏

▼衣服門▲

帽	多啤	歇
屐	陞朗罷	其洛
絲	色綸	思路其
線	文能	思列
手巾	沙布打眼	操亞路
背心	馬天不隆	委士曲

▼首飾門▲

銀器	畢辣面決	思路化威亞
耳環	蘇崩	衣亞路令

旗	晚離拿	非歷
時晨錶	我羅知	活廚
扇	急把事	寬
洋毡	皆烟士厘生	畢冷結
火鉗	咋爹八	唐
煙筒	板租命	丮目京派
痰罐	叒畢勞打	事必全
鳥鎗	士粒崩	浮令畢士
鎖匙	亞物官之	箕士
雨帽	多啤烏煙	令欲
掃把	也煲	布林
睡椅	箇羅士版形	士立屏車
衫	孖夭	曲
裙	紗檳	喜布命
布	皆因	北羅夫
紬	皆因色命	貧治
鈕	布發	鐘全
手笠	紗楨打眼	加路夫
棉紗帶	打厘皆因	葛存畢烈
珍珠	門拿打	拍路
金鋼石	烟灘	弟亞文
手釧	加能打眼	畢李士列

照面鏡	之離面	碌瑽家韓事
檯布	皆因米也	太布哥羅夫
蠟燭臺	家基利逆	近租地李
面盆	流谷無失	彼先
布帳	勞媽皆烟	阿能
寫字石	板白板華到	事勤
時晨鐘	音	哥洛
手鎗	比士多兒	皮思租
魚釣	班征	飛成曲
剃刀	庇修做高	路李箋
繩仔	打厘	士祖凌
褲	思裡	像紗士
拖鞋	家成些力	士立怕
襪	沙姑	索士
袋	沙故	朴吉
汗衫	金美渣	倒
長衫	馬夭板影	朔曲
簪	租足笨我兒	扁
寶石	步綠馬打	畢剌迷士適
腳釧	加能嫁基	晏其列

戒指	毡毡	宏加路令

▼工匠門▲

打鐵匠	杜吏活思	卑力士微平
銀匠	杜吏卑勿思	路化士微平
打石匠	杜吏華刀	士通吉打

▼顏色門▲

紅	卑拿	路列
綠	耳休	奇蓮

▼建造物件門▲

鑿	巴乞	知紥
鐵釘	紦沽	埃安尼路
錐	兵我列	阿路
板	怕販	活卑領
天花板	怕販司蓮	思淩

▼房屋門▲

橋	飲孖木	革列朱
樓	乞撻	夫羅亞
門	邊刀	多呀
窗	丁甲	咏皮
廚房	斜波兒	結陳
廁所	菅墳	刺滑多利
禮拜堂	厘渣	徹順卓朱

頸鍊	閣滑	弱嚟士
木匠	杜吏嫁夭	加扁打
打金匠	杜吏孖士	哥路士微平
銅匠	杜吏加孖嘉	及白士微平
油漆匠	杜吏質	扁吾打
顏色	組勿	架罅
白	布爹	威
黃	貝年	耶路
鋸	亞以牙耳	鎖
銼	記結	快路
石灰	架波兒	黎唔
鐵鉗	變益必	埃安扁沙
水漕	扮和兒	嘉利
樓板	怕販闌帶	夫羅牙
屋	老孖	好士
牆	顛丁	蝸盧
梯	登瓦	士爹亞
床	担八地多兒	別
書館	士哥拿	士沽路
衙門	舖厘士	葛
會所	勞孖加笠	級笠
馬房	士打兒故打	士第布

金鍊	闌地孖士	高路陳
泥水匠	杜吏篙刀	尼廟
工頭	杜吏甲巴拿	歐或文
棚匠	杜吏老孖	岌食卑路打
打錫匠	杜吏地孖	天士微平
灰色	加罅毛	奇李
黑	意泵	卑力
藍	尾老	布盧
鑽	箇羅地	地利路
刨	吉丞	卑連
斧頭	甲百	握士
磚	華刀巴打	卑歷
水筒	卜	和打派
瓦	兒丁	大勞
舖	結厘	濕
井	庇厘耳	華路
房	美列	路綵
柱	釘	皮罅
餐店	邊周	歐定好士
沐浴房	末烈民呢	柏夫路綵
郵局	勞孖波士	保士阿非士
差館	勞孖紡迭	波里士第士臣

市頭 眼 手 骨 口 眼睛 口唇 背 拳頭 脚板 單眼 心 外感 痰熱 發熱 更丁 中國人 暹羅人 服役

百益 ▼身體門▲ 孖打 打眼 刀冷 唔律 孖打慈泵 鼻嗶 朱梨吉 刀木 答畢加基 孖打郎尾 亞地 ▼病症門▲ 連朦 打客 店舍 ▼職務門▲ 馬打馬打 阿冷毡 阿冷暹 吾高

馬傑 埃 軒 保吾 撫乎 埃蓮士 立 璧 非士 蘇路阿乎地澗 星哥挨 乞 扣路 非廉 飛化 活朱文 乂吾尼士 西謙尼士 沙垣

印字所 身體 面 脚 肉膚 肚 腦 下扒 手臂 腔膛 痘皮 跛脚 腳 流血 咳 耳聾 發冷 審事官 傳話 馬拉人 法國人 光棍

柯非士輯 馬木 撫家 加基 意詩 布律 毛老益 拿姑 字良 打爹 麥丙 夜蘭店崩 李打 箇羅亞嘰拿 馬篤 卜格 店含箇掌 端鋪匣 耳槓馬沙 阿冷馬鐵大 阿冷法蘭西士 罅益毛咯

卑蓮打士 砵地 非使 澗 孖蘇麥 士泵 卑凌 前 菴 卑罅士 樸士墨 奇黎唔 等 卑列錠 嘉夫 地大 阿姑 質治 烟輯必打 馬鐵大 夫蘭珠 士咏地罅

濕 額頭 鼻 耳 頭 八字鬚 頭髮 頸 手指 大脾 喉龍 佗背 脚軟 嘔 盲眼 牙痛 地方官 書記 英國人 東主 盜賊

禮衣 耳槓 故冰 甲巴拿 末西 林抹 李耶 故姑 巴翁 撫離 阿冷孟角 加基亞心 門打 馬打丹打 沙結記幾 拿督地士 刀匣士 阿冷布耶 端 賓招利

科歇 奴士 衣亞 歇 畢 靴亞 弱 宏加 快 思路 勘璧 鎖乎闌 利唔術 卑黎吾 吐乎騎奇 得力阿非 寄勒 英其利是 媽士打 絲傳

僑旅錦囊

巫語指南

好人	阿冷加先	割綿
童子	布打	貝
夥伴	加溫	尾士
女婿	文蘭刀	箭因曬
岳父	女朵	花打因羅
母	亞媽	嗲打
子	亞新	順
姪	亞勒嗶	那飛

▼五金門▲

錫	地孖	天
鋼	馬椰	士借勞
銀幣	律	病昂
黃銅	泵孖架布爹	笈怕

▼菜菓門▲

樹	波角	地厘
菜	沙夭	胃朱地布
檳榔	庇能	必租路吶
波蘿	拿勒士	派吾鴨布
蒜	孖崩布者士	假力
番荔枝	毛那穿	加士達押布
芒菓	亡高	民荷

▼飛禽走獸門▲

船主	甲北木	甲全
廚師	杜叮物波兒	曲
親戚	加碗	路厘臣
女子	亞笠布林砵瓶	李地士
妻	描利	威夫
兒	亞宏	耶路打畢肆打
孫	造租	奇蘭順
祖父	拿督	基連花打
金	孖士	荷路
鉛	地孖惹泵	裂
銅	泵孖架	笈怕
紅銅	泵孖架卑拿	笈怕
花	無雅	大老鴉
竹	孖母	寶佈
椰子	加那巴	高够吶
甘蔗	到烏	蘇加企吾
辣椒	芝利	知厘
木瓜	屈秩	裙士
菩提子	驚哥兒	其立士
椰菜	哥卑治	給嗶支
雀鳥	無隆	畢

妓婦	夜冷	青呀
老人	阿冷多亞	區路眼
朋友	卡咏	夫連
丈夫	辣基	蝦士寶
父	百白	花打
弟	亞烈	資家畢肆打
叔	吾哲	鶯高
銀	卑辣	思路化
鐵	活絲	挨安
馬口鐵	地孖亞因	大灰勞
洋田	利因科侖思	路化打刺
草	冧砵	其肆士
筍	阿蒙	寶佈術
薑	亞厘呀	毡者
香蕉	庇生	卑那拿
禾	把梨	拔地
番薯	加拿的	士滑波地陶
花生	加曾旦幽	皮吶
葱頭	孖宏	吞仁
馬	故打	可亞士

牛 狗 豬 蚊 鹿 蝦　多 小 平 買 出 低 內邊 薄 輕 硬 好 僻 真 與 生

▼

林毛 亞盎 馬尾 箇木 路沙攏厘 假拿 一字雜話 萬益 記哲 月拿 閣 哥羅亞 崙拿 拿林 僻北士 利眼 卡拿士 米尾 老 當我 母宿 意足

▲

敲 硫 辦 慶士結陶 地亞 豎廉 卑蓮地 士慶路 摺 蘇勞 告區 老 因西 線 黎 乞 割 腰 地魯 士定 亞黎平

水牛 貓 猴 蟻 蟹 鼠 有 少 長 貴 來 入 上 外邊 潤 重 曲 醜 粗 假 肥 死

箇羅毛 故眞 無熟 素米 吉泵 滴箇士 亞打 士吉 班影 碼痕 碼厘 碼宿 乞撻士 票 僻巴兒 布辣 明角 夜乞 加基 連慶卒 奧幕 孖地

巴乎盧 咳 流奇 晏 其笠 路列 蝦夫葛 列租勞 朗 地鴉 金 今因 鵯 區西 威 夏諱 菊 別 路剌夫 廢路士 發 帶

羊 虎 蛇 蜂 鱷魚 象 無 大 短 買 去 高 落 厚 窄 軟 直 我 幼 香 瘦 遠

今明 梨茱 胡燬 粒巴 歪耶 噴吉 打打 無殺 班匿 微厘 底記 頂官 倒論 打便兒 先必 袜抹 撫辣士 洗爺 亞路士 橫衣 箇羅士 休

涉 太嘉 士弱 租上皮 叩路高地盧 耶路垣 奴 歸米 衛 敗 吉 晻 紓 告 拿老 諫平 士地李 唉 快語 大力加連 綫 花士

華語 巫語 英語

▼兩字雜話▲

華語	巫語	英語
對面	立班	押保薛
邊處	晚傴	嗶亞
開門	無格邊刀	區貧多亞
搭客	冬崩	怕順遮
發數	刀厘素辣	撥安握更
起貨	有瓦孖冷	地士叉剩加告
乜人	亞罷阿冷	好民
關涉	布羅厘	吐乾想
定奪	段倒	地細
先講	加打魯老	士必科士
收單	多亞	路厘薛
使費	毛蘭爺	益士騙蛇士
唔肯	撻無厘	路利威士
查察	壁力沙	因士逼順
唔該	蒙假兒	卑厘事

▼三字雜話▲

華語	巫語	英語
未成事	無穪端刀	吶塞薛
要乜樣	某亞罷馬針	活西士溫

華語 巫語 英語

華語	巫語	英語
留候	冬臥	地李
個處	散傴	爹亞
此處	思呢	希亞
關門	官知邊刀	術地多亞
寄信	記康蘇辣	吐紂列打
落貨	刀倫孖冷	老定加告
別人	理因阿冷	鴉打民
乜事	亞罷屈	活士密打
成事	端刀	縩薛
定期	店補	烹招阿太唔
做得	野厘	乾做
對核	記拿記拿	區華赤
吩咐	咻甲	因士地勒順
交還	布冷	路厘鎗
唔係	無根	奴
允抑否	無厘地打	嗜穪未士呵亞吶
要幾多	罷拿怕諜	孝乜杜溫
唔做得	撻無厘	奸炸熱

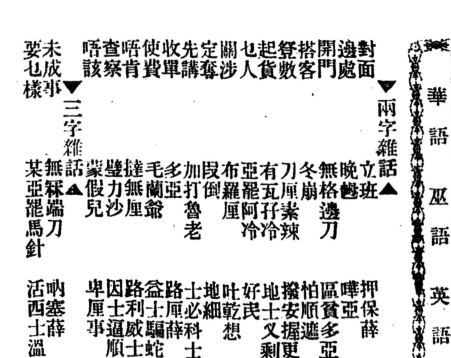

過新年
幾時來
莫出聲
莫惡氣
放邊處
講說話
誰人話
唔相識
總完了
第二次
不中用
喊夜冷
擺啓行
何處來
乜相干
入內邊
過了時
不辭咁
任由佢
扣利息
記得衛
未曾到

泵馬撈
美拿辣登
夜眼捻急
夜眼馬拿
晚拿打落
詩厘打
沙龍阿冷加打
地打根𨋢兒
知厘西
嚟煞加利
撻軟𨋢
黎横
甲板馬拿耶
晚拿辣登
地打亞巴
孖宿拿緑
店補蘇打緑巴
地打地毡
咩衣三孖厘亞
波蕨無牙
惹訖三孖老
無緑三跛

怕士鳥耶亞
活太吾金
蓮作
道畢晏向利
疋安嘩呀
上必瓊
好西蘇
怒握烱前上
痾路分尼樹
昔近太唔
奴腰士
惡順
涉恒宏
金付緑咸阿
拿化買吾
高因西
區化太唔
吶士地即
列咽
咳因打刺上
路利民怕要
吶亞黎乎

要呢的
衛怎知
俾多少
極之貴
被人提
燃蠟燭
衛莫顛
無時候
唔得人
候片時
衛寄去
去箇處
去游玩
坐片刻
拈来此
莫說謊
何時返
同一式
唔係佢
無用講
忘記了
囘話衛

謀衣厘馬針
老晚拿兜
罷拿怕加詩
萬益馬蝦
根𨋢阿冷登甲
巴生利連
夜冷名坤
地打先能
撻無厘馬宿
園地士結
老寄康庇基
庇基散拿
庇基馬因
路洛士結
鷥吉馬厘
夜眼毛空
未拿布冷
三孖妖格
撫根厘亞
苾艮渣甲
蘇打老龍
加詩揸急三孖

換地士
孝胙腰怒
記乎心
禍利地呀
禍士亞刺士
鬃鴨地乾租路
腰廸鼻戚
奴太唔
奸吉因
吐威呑免尼
腰先吐
高吐爹亞
高吐畀弱
薛登課喜無眠
畢領吐希亞
黃斜路拉上
環威路鼻璧
阿路地三
吶謙
懂敏順
科結
晏沙要

僑旅錦囊 終

跋

國窮政紊。。民不聊生。。于是出洋者。。日見其多。。富者樂不思蜀。。固視異地爲世外桃源矣。。然外埠關津不同。。語言亦異。。果未問津。。不無有所隔膜。。僑旅錦囊之著。。正爲僑旅者而作也。。親友戚中。。知　恨餘家世。。最稔莫如余。。而營私黑幕及僑旅錦囊二書。。又爲恨餘借酒澆愁之近作。。其費數載心血。。不憚煩勞。。始克是編告成。。內容所載。。宗旨純正。。俱皆關心時局之實錄。。可作今世警鐘。。可作旅行指南。。然余僅過目。。略瀏覽一誦。。直令舊恥新讐。。層層勾起。。于是乎不能不熱淚涕泗滂沱矣。。余亦殊不自解緣何而悲。。緣何而忿也。。余知有閱是書者。。將必更忿於余之痛恨者矣。。是書誠不可以湮沒。。及不可不留傳之。。恨餘本有真血性。。光明磊落。。慷慨過人。。奈何老蒼偏不予人以美。。而使之淪落天涯耶。。恨餘。。恨餘。。可釋然矣。。磨劍待時。。而奮發可矣。。能以箇人之鏡見隱微。。陳之廣衆。。播遍寰區。。使當芻蕘。。藉期採擇。。可謂盡人事以合天心。。并非與效橫議。。而邀虛譽者比。。世之覽是書者。。其亦有感于斯言。。此後亡羊補牢。。尚未爲晚。。余願期有斯日之希望。。而著者不愧數年作此一編之苦心。。今則亦當少釋矣。。余重讀著者所著之書。。能益世人身心。。故允而樂爲之跋。。

中華民國七年　歲次戊午八月廿二日

許國臣謹跋於香港旅次

中華民國七年歲次戊午九月初六日附印
中華民國七年歲次戊午十月十五日發行

僑旅錦囊 一冊
定價大洋五角半

編著者 新會 盧少卿 潮連
發行所 浣香家塾 盧鞭
印刷所 廣發印務局 香港中環砵甸乍街第四十七號門牌
代批發處 梁振華藥局 香港中環電車路門牌二百卅四號

寄售處各埠 大書坊 旅店及輪船辦房

書名：僑旅錦囊（一九一八）附〈華英譯音巫語指南〉
系列：心一堂　香港・澳門雙城成長系列
原著：盧少卿
主編・責任編輯：陳劍聰

出版：心一堂有限公司
通訊地址：香港九龍旺角彌敦道六一〇號荷李活商業中心十八樓〇五一〇六室
深港讀者服務中心：中國深圳市羅湖區立新路六號羅湖商業大厦負一層〇〇八室
電話號碼：(852) 67150840
網址：publish. sunyata. cc
淘宝店地址：https://shop210782774. taobao. com
微店地址：　https://weidian. com/s/1212826297
臉書：　　　https://www. facebook. com/sunyatabook
讀者論壇：　http://bbs. sunyata. cc

香港發行：香港聯合書刊物流有限公司
地址：香港新界大埔汀麗路36號中華商務印刷大廈3樓
電話號碼：(852) 2150-2100
傳真號碼：(852) 2407-3062
電郵：info@suplogistics. com. hk

台灣發行：秀威資訊科技股份有限公司
地址：台灣台北市內湖區瑞光路七十六巷六十五號一樓
電話號碼：+886-2-2796-3638
傳真號碼：+886-2-2796-1377
網絡書店：www. bodbooks. com. tw
心一堂台灣秀威書店讀者服務中心：
地址：台灣台北市中山區松江路二〇九號1樓
電話號碼：+886-2-2518-0207
傳真號碼：+886-2-2518-0778
網址：http://www. govbooks. com. tw

中國大陸發行　零售：深圳心一堂文化傳播有限公司
深圳地址：深圳市羅湖區立新路六號羅湖商業大厦負一層008室
電話號碼：(86)0755-82224934

版次：二零一九年四月初版，平裝

心一堂微店二維碼

心一堂淘寶店二維碼

定價：港幣　一百一十八元正
　　　新台幣　四百九十八元正

國際書號 ISBN 978-988-8582-64-8